역사의 법정에 선 법

역사의 법정에 선 법

1판 1쇄 발행 2021. 6. 10.
1판 2쇄 발행 2021. 7. 26.

지은이 김희수

발행인 고세규
편집 임지숙 디자인 정윤수 마케팅 신일희 홍보 박은경
발행처 김영사
등록 1979년 5월 17일(제406-2003-036호)
주소 경기도 파주시 문발로 197(문발동) 우편번호 10881
전화 마케팅부 031)955-3100, 편집부 031)955-3200, 팩스 031)955-3111

값은 뒤표지에 있습니다.
ISBN 978-89-349-8921-9 03300

홈페이지 www.gimmyoung.com   블로그 blog.naver.com/gybook
인스타그램 instagram.com/gimmyoung   이메일 bestbook@gimmyoung.com

좋은 독자가 좋은 책을 만듭니다.
김영사는 독자 여러분의 의견에 항상 귀 기울이고 있습니다.

전봉준 유죄 판결부터 형벌 불평등 문제까지

역사의 법정에 선 법

근현대사를 지배한
악법과 판결들을
역사의 법정에 세우다

김희수 지음

김영사

지금까지 살면서 내가 가장 행복했던 시절 중 하나는 모교에서 대학 후배들을 상대로 법을 강의하던 때였다. 난폭하고 가혹한 화형火刑의 시대이자 여명을 기다리던 시기였던 대한민국 근현대기의 주요 사건을 법적 관점에서 들여다본 책이 없다는 것을 확인한 것도 그때였다. 내가 가진 법에 대한 생각과 의문을 법을 배우는 학생과 일반 시민이 공유할 수 있는 책이 필요하다고 판단했다. 그리고 스스로에게 약속했다. 아직 부족하지만 그런 책을 써보겠다고. 그러나 이런 바람과 달리 바쁘다는 핑계로 그 약속은 계속 미뤄졌다. 그러다 비로소 고향의 품 안에서 섬진강의 빛나는 잔물결 윤슬을 바라보며 이 책을 쓰기 시작했다.

　근대 철학의 예언자로 일컫는 데카르트의 "나는 생각한다. 고로 존재한다"는 말은 현대에도 여전히 유효한 명제이다. 하지만 철학과 법률은 다르다. 철학자는 생각하고 회의하면서 문제를 던지고 답을 내놓지 않아도 되지만, 법률가는 반드시 해답을 내놓아야 한다. 그리고 답을 찾기 위해서는 의심해야 한다. 따라서 법조인은 '생각하는 것'을 넘어 끊임없이 '의심하는 것'을 덕목으로 삼을 수밖에 없다. "나는 의심한다. 고로 존재할 수 있다"가 법조인의 명제가 되어버린다. 그러지 않으면 정답에 가까이 가기 어렵다.

정답을 찾기 위해 의심해야 하는 법률가의 삶은 그리 아름답지 못하다. 아름다운 삶은커녕 혐오와 공허, 분노의 긴 터널이 언제 끝날지 알지 못한 채 걸어야 할 때가 많다. 힘이 곧 법이되고, 법이 곧 힘인 세상, 힘이 곧 폭력으로 변질된 법치주의 괴물 앞에서는 더더욱 그렇다.

법 앞에서 잊히는 정의를 옹호하고 싶어 이 책을 쓴다. "악법은 법이 아니다"라는 지적만으로는 부족하기 때문에 법률가와 깨어 있는 시민이 법의 정의에 대해 고민해야 할 지점이 무엇인지 질문을 던지고 싶었다. 근대의 출발점인 동학농민혁명부터 현재의 코로나바이러스감염증-19에 이르기까지 발생한 주요 사건을 법의 시선으로 훑어보며 함께 고민할 기회가 되기를 바랐다.

때로는 정답을 제시할 수 없다는 것을 알면서도 구석을 헤집으며 답을 찾아 나서고, 갈증을 일부나마 해소할 수 있기를 희망했다. 법의 이름으로 선언하는 진실의 실체를 마주하며, 법과 정의의 조건이 무엇인지 더 깊이 살펴볼 수 있기를 바랐다. 법률을 만드는 것(입법), 집행하는 것(행정), 분쟁에 대한 법원의 판단(사법)이 정의로워야 한다는 총론에는 우리 모두 동의하지만, 각론으로 들어가면 디테일에 천사와 악마가 동시에 숨어 있다는 사실을 말하고 싶었다. 모든 사안을 옳은 것과 옳지 않은 것으로 이분해 판단할 수밖에 없는 법의 숙명 앞에서 다른 대안이 없는지 살펴볼 기회가 되었으면 좋겠다.

"법은 정의다"라고 말하는 것은 옳지 않다는 것을, 그렇게 말하는 순간 법은 이데올로기가 되어버린다는 것을, 법을 반드시 지켜야 한다는 사고는 법실증주의(실정법만을 법으로 인정하는 법학의 입장) 함정에 빠지는 것임을, 정의는 채워지기를 기다리는 빈 그릇과 같고, 민주공화국 항아리에 정의를 채우는 것은 바로 우리라는 것을, 우리가 가득 채울 수도 있고 비울 수도 있다는 것을, 희망과 절망은 우리의 선택이라는 것을, 법의 역사가 그리 말한다는 것을 보여주고 싶었다.

'법은 ○○이다' '정의正義, justice는 ○○이다'라는 정의定義, definition에 대해 수없이 많은 질문이 제기되어왔다. 인류의 역사와 더불어 공존해온 이 질문에 수많은 현자가 여러 대답을 내놓았다. 하지만 아직까지 명확한 해답은 존재하지 않으며, 앞으로도 명쾌하게 정의하지 못할 것 같다. 하지만 법과 정의는 존재한다. 미래에도 존재할 것이다. 명확하게 개념화할 수 없다고 해서 존재하지 않거나 진리가 아닌 것은 아니다. "법 또는 정의란 무엇인가?"라는 질문에 답을 구하는 것은 인류에게 주어진 영원한 숙제이기 때문에 과거에도 그러했듯 내일도 정답을 찾기 위한 여정은 계속될 것이다.

그 여정을 통해 대한민국의 K-팝이 세계적 평가와 찬사를 받는 것처럼, 시민들의 용기와 슬기로움으로 촛불항쟁을 벌인 것처럼, K-방역을 통해 성숙한 시민 의식을 보여준 것처럼 대한민국 법을 정의로운 K-법으로 제련할 수 있으리라 믿는다. 그 여정에 나는 하늘을 품고 흐르는 섬진강 변에 조약돌을 하나 얹어 놓는 심정으로 펜을 들어 동참했다.

이 조약돌을 위해 귀중한 제언과 시간을 기꺼이 내준 김영사의 고세규 사장님과, 전봉준 판결선고문을 구해 책의 완성도를 높이고 여러 도움을 준 임지숙 팀장님께 깊이 감사드린다. 더불어 솔직한 조언을 아끼지 않은 서해성 작가, 인권연대 오창익 사무국장, 허홍열 박사 등 많은 지인의 오랜 우정에 진심으로 고마운 마음을 전한다.

2021년 봄날
김희수

제2부 | 법이 공정하다는 착각

1장 헌법의 눈물

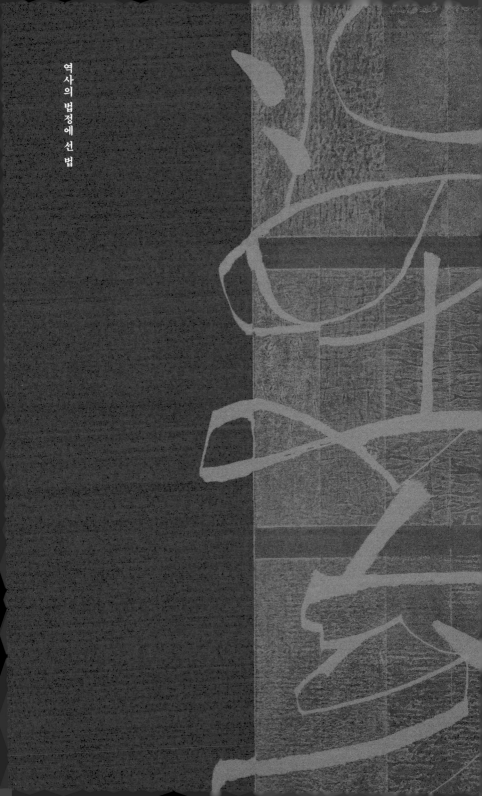

역사의 법정에 선 법

역사의 법정에서

동학농민혁명과
근대 법원

최초의 근대 법원이 내린 최초 판결 | 법과 혁명

1. 최초의 근대 법원이 내린 최초 판결

우리 근대사에서 사법제도를 살펴보려면 갑오개혁을 출발점으로 삼아야 한다. 갑오개혁을 통해 비로소 근대 사법제도가 도입되었기 때문이다. 갑오 1차 개혁에서 군국기무처는 연좌제와 고문 등을 폐지하고, 법무아문을 신설해 1895년(고종 32) 4월 19일(음력 3월 25일) 법률 제1호로 '재판소구성법'을 발포했다. 이 새로운 법을 통해 우리 법제 사상 처음으로 사법행정과 재판이 분리되었다. 비록 불완전하지만 행정부에서 분리된 사법권 독립을 법률적으로 보장했다는 점에서 근대 사법제도를 지향하는 커다란 개혁이라 할 수 있다. 현재 '법의 날'로 지정된 4월 25일은 바로 근대 사법제도 도입의 계기가 된 재판소구성법이 처음 시행된 날이다.

동학농민혁명 심판 기록

이렇게 설립된 우리나라 최초의 근대 법원이 재판에서 다룬 첫 사건은 무엇일까? 바로 동학농민혁명군을 이끈 녹두장군 혁명가 전봉준 등 5명에 대한 사형 판결이었다. 동학농민혁명군을 이끈 전봉준, 손화중, 성두한, 김덕명, 최경선은 갑오개혁 때 설립한 의금사(옛 의금부)를 개칭한 법무아문 권설재판소로 넘겨져 재판을 받았다. 몸이 왜소해 녹두장군으로 불린 전봉준의 재판 내용을 역사학자 이이화의 《전봉준, 혁명의 기록》을 통해 들여다보자.*

전봉준은 체포된 후 걸을 수 없어서 재판정에도 짚둥우리에 누운 채 들어갔다. 담당 법관 장박이 위압을 부려 좌우의 나졸을 호령해 전봉준을 일으켜 앉히려 들었다. 이때부터 두 사람이 묻고 대답하는 대화가 이루어졌다.

문: 일개 죄인이라, 감히 어찌 법관 앞에서 불공함이 심하는고?
답: 네 감히 어찌 나를 죄인이라 이르나뇨?
문: 소위 동학당은 조정에서 금하는 바라. 네 감히 도당을 불러
    모아 난리를 지은 자라. 반란군을 몰아 고을을 함락하고 군

---

* 이이화, 《전봉준, 혁명의 기록》, 생각정원, 2014, 228~240쪽.

1895년 2월 27일, 일본 영사관에서 법무아문으로 이송되기 직전 전봉준의 모습. 일본인 무라카미 텐신村上天眞이 촬영했다.

기·군량을 빼앗았으며 크고 작은 벼슬아치를 마음대로 죽이고 나라 정사를 참람하게 마음대로 처단했으며, 나라의 세금과 공공의 돈을 사사로이 받고 양반과 부자를 모조리 짓밟았으며, 종 문서를 불 질러 강상을 무너뜨렸으며 토지를 평균 분배하여 국법을 혼란케 했으며, 대군을 몰아 왕성을 핍박하고 정부를 부셔서 새 나라를 도모했나니 이에 대역 불궤(역적의 행동)의 법에 범한지라, 어찌 죄인이 아니라 이르나뇨?

답: 도 없는 나라에 도를 세우는 것이 무엇이 잘못이냐? 동학은

"사람이 하늘이라" 하니, 과격하다 하여 금한단 말이냐? 동학은 과거 잘못된 세상을 고쳐 다시 좋은 세상을 만들려고 나선 것이라, 민중에 해독 되는 탐관오리를 벌하고 일반 인민이 평등적 정치를 바로잡는 것이 무엇이 잘못이며, 사복을 채우고 음탕하고 삿된 일에 소비하는 국세와 공전을 거두어 의거에 쓰는 것이 무엇이 잘못이며, 조상의 뼈다귀를 우려 행악을 하고 여러 사람의 피땀을 긁어 제 몸 살찌우는 자를 없애버리는 것이 무엇이 잘못이며, 사람으로서 사람을 매매하여 귀천이 있게 하고 공토로서 사토를 만들어 빈부가 있게 하는 것은 인도상의 원리에 위반이라, 이것을 고치자 함이 무엇이 잘못이며, 악한 정부를 고쳐 선한 정부를 만들고자 함이 무엇이 잘못이냐? 자국의 백성을 쳐 없애기 위하여 외적을 불러들였나니 네 죄가 가장 중재한지라, 도리어 나를 죄인이라 이르느냐?

여섯 차례 신문 끝에 1895년 3월 29일(음력) 법무아문 권설재판소는 전봉준 등 5명에게 사형 판결을 내렸고, 곧바로 교수형에 처했다. 죄명은 《대전회통》에 규정된 '군복기마작변관문자부대시참軍服騎馬作變官門者不待時斬'. "군복 차림을 한 채 말을 타고 관아에 대항해 변란을 일으킨 자는 때를 기다리지 않고 즉시 처형한다"는 내용이다. 지금 법으로 말하면 군사반란죄 정도에

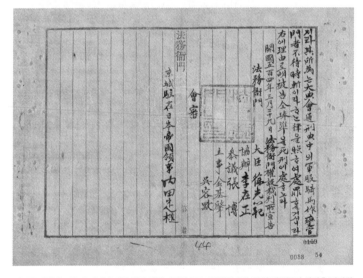

전봉준 판결선고문. 우리나라 최초의 근대적 판결문으로 1895년 3월 29일 전봉준의 형량을 결정한 형사재판 원본의 일부이다. 당시 사법부가 일제의 영향 아래 있었다는 사실을 방증하는 일본 영사 우치다 사다츠치內田定槌의 서명도 확인할 수 있다.(국가기록원 제공)

해당한다. 선고 법정에서 재판관 장박은 전봉준을 바라보면서
물었다.

문: 나는 법관의 몸으로 죄인과 한마디 하지 않을 수 없다. 너는
　　목숨이 아까우냐?

답: 국법을 적용했다 하니 어쩔 수 없는 것 아니냐?

문: 그렇다. 우리나라에는 너희가 저지른 것과 같은 범죄에 대
　　해 아직 분명한 규정은 없다. 문명한 여러 나라에서는 국사
　　범으로 다루어 사형을 면할 수도 있을 텐데 어쩔 수 없구나.
　　너희는 스스로 생각해보라. 오늘의 죽음은 매우 유감스럽
　　지만, 네가 전라도에서 한번 일어나자 일청전쟁의 원인이
　　되었고 우리나라도 크게 개혁되었다. 너희가 탐관오리로
　　지적한 민영준 등도 국법에 처했고 나머지 사람들도 흔적을
　　감추었다. 그래서 너희 죽음은 오늘의 공평한 정사를 촉진
　　한 것이므로 명복을 빈다.

전봉준은 죽기 직전 자신의 소회를 담은 시 한 수를 지었다.

백성 사랑하는 올바른 의리 나 잘못 없었노라
나라를 위한 붉은 마음 누가 알아주리

愛民正義我無失 爲國丹心誰有知

우매한 백성의 몰지각한 짓이라는 조선왕조의 조롱 속에 반란죄로 처벌받은 농학혁명군 새판은 이둡고 우둔한 시대의 자화상이었다. 근대정신이 사회에 전혀 정착되지 못한 채, 근대의 틀만 갖춘 사법 체제가 제 역할을 미처 파악하지 못한 상태에서 개혁의 지도자들에게 내린 판결이기 때문이다.

근대라는 개념을 말할 때는 과거의 전통과 구분되면서도 현대 또는 현재와 또 다른 시간적 관념이 전제되어 있다. 근대가 무엇이냐에 대해 많은 논의가 있지만, 통상적으로는 서구 사회에서 자본주의적 산업화 진행과 입헌적 민주주의를 이끌어간 국가 중심의 개념으로 이해한다.

근대 계몽사상과 혁명을 통해 확립한 자유와 평등, 억압으로부터의 해방은 인간의 이성과 그 능력을 믿는 것에서 출발했다. 그리고 근대는 법 제정과 집행으로 인간 이성의 실현을 뒷받침했다. 인간에 의한 자의적 지배가 아닌 법을 통한 지배, 즉 법치주의는 근대 입헌주의 골격과 뿌리로 자리매김했다. 법을 통해 자유와 평등을 지켜내고, 지배 대상자의 동의를 얻어내 인민이 스스로를 지배하는 민주주의 정치를 구현하려는 것, 이것이 근대법의 핵심 요소였다.

1789년 일어난 프랑스혁명의 원칙을 담은 '인간과 시민의 권리선언'은 근대의 가치와 이념을 명확히 드러내고 있다. 이러한 내용은 프랑스 헌법에 명시되어 규범적 효력을 발휘했고, 전 세계로 전파되었다. 이 이념과 가치는 오늘날에도 세계 대다수 국가의 헌법에서 규정하고 있는 내용이다.

조선에서 갑오개혁이 일어나 근대 법원이 출범할 당시는 대외적 영토 확장·팽창을 핵심 요소로 하는 제국주의가 온 지구촌을 휩쓸었다. 제국주의는 자기 나라의 경제적 이익을 추구하는 데 혈안이 되어 있었고, 근대법으로 확립한 자유·평등과 억압으로부터의 해방 같은 가치에는 관심이 없었다. 근대 산업화를 먼저 시작한 열강은 자기 국민과 비국민을 철저하게 구분하고 배제하는 전략으로 일관하면서 식민 지배를 합법화했다.

이런 상황에서 조선왕조는 스스로 나라의 운명을 결정할 수 없을 정도로 부패하고 무능했다. 법 제도는 도입했으되 근대법 이념은 뿌리를 내릴 수 없었고, 근대 법원이 그 역할을 수행할 수도 없었다. 최초의 근대 법원이 제1호 사건으로 동학농민혁명을 이끈 지도자에 대해 내린 사형 판결이 그 결과다. 이 판결은 우리 법 역사에서 영원한 부채로 남았고, 이후 근현대 법과 법 적용을 두고 펼쳐질 암울한 미래를 예고하는 서막이 되었다. 우리 사회에서 근근이 명맥을 이어온 법과 정의에 대한 고민은 전봉준을 비롯한 동학농민혁명군의 장렬한 희생과 죽음을 자리에 깔고 시작된 것이다.

소크라테스·예수에 대한 재판과 전봉준

그리스 철학자 소크라테스는 아테네 시민을 사랑하고 존경했다. 그런데 그가 지지한 민주정치와 그가 사랑한 시민들로 구성된 배심재판에서 '국가가 인정하는 신 대신 새로운 신을 섬겨 신을 모독하고 젊은이들을 타락시켰다는 죄'로 사형을 선고받았다. 소크라테스는 탈출할 기회도 거부하고 독배를 마셨다.

이웃과 원수를 용서하며 사랑하라고 가르치던 예수 역시 그가 사랑하던 열두 제자 중 한 명인 가룟 유다의 배신과 유대인의 증오로 희생되었다. 로마 법정에서 '하느님 아들로 행세하며 신을 모독하고, 유대의 왕으로 해방자인 것처럼 혹세무민하며, 로마 황제를 반역한 죄'로 사형을 선고받았다. 예수를 죽음으로 내몬 이 재판은 역사에서 가장 널리 알려졌으며, 가장 많이 기억되는 재판이 되었다.

정의를 추구하던 예수와 소크라테스는 법과 정의라는 허울 좋은 이름하에 죄인이 된 것이다. 인류의 정신사에 엄청난 영향을 미친 위대한 두 사람이 법의 이름으로 사형선고를 받고 처형된 것은 정의라는 이름의 모순을 가장 극적으로 보여준다. 법의 이름으로 행해지는 판결이 늘 정의로운 것만은 아니라는 사실을 명확히 보여주는 역사적이고 충격적인 사건이다. 예수 사후 수많은 사람을 무고하게 죽인 마녀사냥과 종교재판을 법의 이름으로 행한 것도 마찬가지이다.

전봉준 등 동학농민혁명군은 조국이 외세로부터 독립되기를 열망하고 꿈꾸었지만, 자신들이 사랑한 바로 그 조국으로부터 반역죄로 사형선고를 받았다. 예수와 소크라테스, 전봉준에 대한 각 사형 판결처럼 역사에서 정의가 늘 승리하는 것은 아니다. 오히려 정의가 승리하는 경우는 매우 드물었다고 할 수 있다. 십자가에 못 박혀 사형당해야 할 존재는 오히려 '법'인 경우가 허다했다. 하지만 이들이 산하에 뿌려놓은 정의, 사랑, 평등의 씨앗은 사라지지 않았다. 오히려 사람들의 마음속에 남아 뜨겁게 가슴을 달군다. 사람 사는 세상을 꿈꾼 혁명의 기다림과 설렘은 역사의 유전자로 살아남았다.

2. 법과 혁명

동학농민군의 봉기는 왜 혁명인가

우리 근대 사법 체제의 첫 희생양이던 동학농민혁명에 대해 좀 더 살펴보자. 동학농민혁명에 대한 호칭 변화도 사건 자체만큼이나 많은 우여곡절을 겪었다. 기존 국사 교과서에도 1940~1960년대까지는 '동학란'으로 썼다가 1970년대에는 '동학혁명운동' '동학농민혁명운동' '동학혁명'으로 바뀌었고, 1980년 이후는 '동학운동' '동학농민운동'으로 이름 지어졌다.*

그러다 2004년 '동학농민혁명 참여자 등의 명예회복에 관한 특별법'이 제정·공포되었고, 법률을 통해 공식적으로 동학농민혁명으로 규정했다. 따라서 동학농민혁명이라는 명칭은 법률 개폐가 없는 한 공식적·법적으로 자리매김했으며, 이는 이 사건이 명실상부 '근대 혁명'임을 확인해준다.

동학농민군의 봉기 과정과 내용을 '운동'이 아닌 '혁명'이라고 법률에서 규정한 이유는 무엇인가. 동학농민군이 항쟁을 통해 종래의 세상을 무너뜨리고 새롭게 무엇인가 세우려 했기에 혁명이라고 부르는 것인가. 그렇다면 그 구체적 내용은 무엇인가.

동학은 '사람이 곧 하늘이다人是天(인시천)' '사람 섬기기를 하늘같이 하라事人如天(사인여천)'는 사상을 전개했다. 이는 인간 존엄성과 주체성을 강조한 것이고, 인간 평등 사상을 설파한 가르침이었다.

동학농민군은 1894년 3월 21일 1차 봉기에서 동학의 가르침을 토대로 한 사상 위에 "널리 백성을 구제한다廣濟蒼生(광제창생)" "폭정을 없애고 백성을 구한다除暴救民(제폭구민)"고 주창함으로써 반봉건제 타파 전쟁의 성격을 분명히 하고 있다. 1894년 9월 18일 2차 봉기에서는 "일본을 비롯한 외세의 침략

---

* 동학농민혁명기념재단 www.1894.or.kr

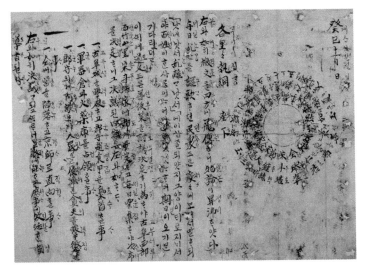

동학농민혁명 1차 봉기 당시의 사발통문(격문). 주요 내용은 고부 군수 조병갑의 처단과 전주영 함락을 목표로 한다는 것이었다.

을 물리친다斥倭斥洋(척왜척양)"며 반외세 전쟁임을 밝혔다.

광제창생과 제폭구민 깃발 아래 조선왕조 군대에 맞서 싸운 것은 인간 존엄성을 구현하고, 자유·평등과 독립국가를 수립 하기 위해 억압으로부터 해방될 권리를 행사한 것으로 해석한 다. 척왜척양은 일본을 비롯한 외세의 침략을 물리치고 자주독 립을 추구하는 내용으로, 법적 관점에서 보자면 근대 민족국가 형성과 국가의 주권 수립 및 행사를 의미한다고 해석할 수 있는 근거가 된다.

프랑스혁명의 아버지 루소가 정의한 국민주권주의가 시민혁 명을 통해 근대 주권국가를 탄생시킨 것처럼, 우리 역사에서도 동학농민혁명을 통해 인민(또는 민인)과 국가의 운명을 스스로 결정하겠다는 주권 의지와 행동이 발아한 것이다.

우리 역사의 수레바퀴를 뒤로 돌려보면 1811년 홍경래의 난, 1862년 진주민란과 같은 민란이 켜켜이 쌓여 동학농민혁명을 통해 거대한 폭발을 한 것이다. 더 멀리 올라가보면 고려 무신 정권 최충헌의 노비 만적이 "왕후장상의 씨가 따로 있겠느냐"며 꿈꾸었던 노비 해방의 난, 고려 명종 때 신분제 타파를 외치며 일어난 망이·망소이의 난 등이 있었다.

녹두장군 전봉준을 비롯한 동학농민군은 사람 사는 세상을 꿈꾸며 의연히 일어나 "백성*은 나라의 근본"이라고 포고했다. 즉 '민본주의'를 천하에 다시 밝힌 것이다. 당시 조선의 통치 이념인 유교에서 민본은 '국가 통치의 근본'이 백성에게 있다는 의미에 불과하고, 백성이 나라의 주인이라고 말하는 것은 아니다. 왕조에서 백성은 어디까지나 왕의 신민일 뿐이고, 왕으로부터 자애로움을 구할 수밖에 없는 신분이다.

백성이 나라의 근본이라는 내용은 동학농민군이 조선왕조를 인정하는 기틀 위에 있었다는 사실을 보여준다. 그 점에서 동학농민혁명이 추구한 가치는 오늘날 헌법에서 "국가 통치의 정당

---

*　고려시대에는 덕이 높고 공이 있는 사람에게 성씨를 하사해 백성이라 불렀기 때문에 주로 벼슬아치를 뜻했으나, 조선시대에는 관직이 없는 보통 사람을 일컫는 말로 쓰였다. 문헌적 의미로는 100가지 성을 가진 사람인데, 지금은 국민을 가리키는 말로 풀이된다.

성은 국민으로부터 비롯된다"고 천명하고 있는 국민주권주의
와는 다른 의미이다. 이는 시대적 한계이며, 동학농민혁명의 한
계였는지도 모른다. 그렇다고 해서 동학농민혁명의 의미가 폄
하될 수는 없다. 동학농민군의 운영 방식이나 개혁안을 구체적
으로 살펴보면 그 혁명성을 확인할 수 있다.

동학농민군은 1차 봉기 후 1894년 5월 7일 관군과 전주화약
全州和約을 맺으면서 해산하고, 전라도 53개 군현에 집강소執綱
所를 설치하기로 합의했다. 농민군 스스로, 주체적으로 설치한
집강소는 집강 아래 몇 명의 의사원議事員을 두어 합의제 방식
으로 운영한 주민자치 기구였다. 이는 우리 근대사에 주민자치
의 근대적 본보기를 만들어 오늘날 국민주권주의와 지방자치
를 이루는 뿌리가 되었다.

집강소는 탐관오리를 제거하고 횡포한 부호와 불량한 유민
및 양반 무리를 징벌하며 노비제도를 없애는 한편, 천인의 대우
는 개선하고 무명잡세를 없애며 모든 채무를 소멸시키는 등 폐
정개혁안을 실행해나갔다. 집강소 농민군들은 신분의 높고 낮
음을 떠나 누구든 가릴 것 없이 서로 '접장'이라고 불렀다. 지도
자인 전봉준도 접장이라 불렸고, 어린아이나 부녀자를 부를 때
에도 마찬가지였다. 또 이들은 서로 맞절을 했다. 농민군 두령
들은 수하들을 보면 먼저 절을 했다. 맞절은 종과 상전, 백정과
양반, 여자와 남자, 어린아이와 어른, 평민과 벼슬아치 가릴 것

없이 신분의 차이를 없애는 방법이었다.* 신분 해방을 추구한 그들은 서로 동등한 호칭을 사용하고, 서로 같은 자세로 절하는 방식으로 평등 의식을 실천적으로 드러낸 것이다.

갑신정변이나 위정척사운동은 양반이 주도한 위로부터의 개혁이라면, 동학농민혁명은 피지배계급을 중심으로 아래로부터 진행된 민중 항쟁이었다. 또 근대 혁명의 핵심 가치가 자유와 평등, 억압으로부터의 해방이었다는 점을 고려해보면 동학농민혁명을 통해 구현하려던 사상과 실제 행동은 동학을 '근대 혁명'이라 부르기에 충분하다.

동학농민혁명은 승리하지 못했다. 군사훈련을 전혀 받지 못한 농민들이 낡은 옷을 입고 추위에 떨면서 화승총과 죽창을 들고 대포와 신식 총으로 무장한 일본군과 관군을 향해 돌진했다. 10만 명이 흘린 피는 산과 강을 이루었다. 동학농민군에 대한 살육은 일본 제국주의 침략자들이 기획한 집단 대량 학살이었다. 식민지 침략과 지배를 본격적으로 펼치기 전에 우리 땅에서 자행한 대량 학살 예행연습이었다.

동학농민군의 처절한 투쟁 모습을 떠올리면 프랑스혁명군의 모습과 겹쳐진다. 자유·평등 정신과 압제로부터 해방 정신이 유럽을 흔들자 위기를 느낀 유럽 각국 군주들은 프랑스를 침

---

* 이이화, 《전봉준, 혁명의 기록》, 생각정원, 2014, 138~139쪽.

략했다. 이에 수많은 프랑스인이 군사훈련도 받지 않고, 식량과 무기도 부족한 채로 훗날 프랑스의 국가가 된 노래 〈라마르세예즈〉를 부르면서 진군하고 싸웠다. 동학농민군의 모습도 이와 같았다.

자유는 역사상 어느 곳에서나 숭고한 희생의 피를 요구했다. 그냥 주어진 자유는 없었다. 자유와 평등의 제단에 기꺼이 희생한 그들은 지금 사라진 것 같지만, 그들이 뿌려놓은 자유와 해방의 씨앗은 사라지지 않았다.

변화와 혁명은 봄 햇살을 불러오는 훈훈한 바람처럼 조용히 다가올 수 없는 속성을 지닌 것 같다. 태풍과 번개를 동반해 항상 시끄럽고 혼란스러우며 고통스러운 과정을 거치면서 인간의 품에 안기는 존재처럼 보인다.

법이 말하는 혁명과 사회변혁 운동

법에서 말하는 '혁명'은 왕정에서 공화정으로 바뀐 프랑스혁명이나 자본주의에서 공산주의로 바뀐 러시아혁명, 혹은 노동자 중심의 사회주의국가 건설처럼 기존의 통치 형태가 근본적으로 바뀌는 것을 의미한다. 반면 쿠데타는 일부 세력이 국민의 의사와 무관하게 무력 등의 비합법적 수단을 동원해 정권을 빼앗는 정변을 말한다. 따라서 법적 개념으로 볼 때 동학농민혁명은 왕정 국가에서 벗어나 자유·평등·독립국가를 건설하려다

좌절한, 실패한 혁명이다.

쿠데타는 불법 권력 찬탈을 상징하는 부정적 표현이지만, 혁명은 해방과 자유·평등을 상징하는 긍정적 표현으로 사용된다. 그래서인지 혁명은 단어 그 자체로 매혹적이면서 잔인한 이름이다. 그 매혹에 이끌려 경제적·사회적 변혁에도 '혁명'이라는 이름을 붙여 산업혁명, 정보혁명이라 부르기도 한다. 독재자들도 스스로가 혁명가로 불리고 평가받기를 원한다. 5·16 군사쿠데타를 5·16 군사혁명, 유신이라는 궁정 쿠데타를 유신혁명이라고 주장하는 것만 보아도 혁명이라는 단어가 얼마나 달콤하고 매혹적인지 알 수 있다.

근현대 역사를 뒤흔든 4·19의거, 6월 민주항쟁, 그리고 2016년 10월경부터 시작해 2017년 3월 10일 헌법재판소가 박근혜 대통령 탄핵소추안을 인용함으로써 대통령직을 파면할 때까지 진행된 촛불항쟁을 모두 혁명으로 호칭하는 사람도 많다.

4·19의거 등은 법적 관점에서 볼 때 혁명 개념에 정확히 들어맞는 것은 아니다. 그렇다고 혁명이 아니라고 단정하기도 어렵다. 혁명이라는 법적 개념은 세월에 따라, 국민의 인식에 따라 변할 수 있기 때문이다. 보통 혁명으로 불리거나 불릴 만한 사건은 사람에게 전율과 흥분, 긴장감을 불러일으키는 거대하고 충격적 사건이었다.

제국주의 침략과 무능하고 부패한 왕조에 맞서 싸운 동학농민군, 아무런 희망도 보이지 않은 일제강점기 시절 조국 독립을 위해 헌신한 독립운동의 아버지·어머니, 독재 권력 폭압에 맞서 저항한 수많은 민주주의의 아버지·어머니……. 그들은 새로운 세상과 혁명을 꿈꾼 사람들이다. 그들은 현실에서 많은 것을 잃었지만, 자유와 폭압으로부터의 해방이라는 소중한 가치를 얻었다.

혁명은 인간 역사에서 진화의 힘을 보여주는 마중물 같은 존재였다고 할 수 있다. 다시 한번 생각해보게 된다. 이들이 꿈꾸던 사람 사는 세상과 오늘 우리가 꿈꾸는 세상은 과연 얼마만큼 차이가 날까? 동학농민혁명군이 외세 침략과 간섭을 배제하고 이룩하고자 했던 자주독립국가의 꿈은 오늘의 분단 현실과 미국, 일본, 중국 등 강대국과의 관계에서 얼마나 구현되고 있는 것일까?

갑오개혁이 쏘아 올린
자유·평등의 법

법에서 불평등은 자연스러웠다 | 자유·평등은 하늘에서 내려준 권리가 아니다 |
가장 낡았지만 항상 새로운 자유·평등의 법

1. 법에서 불평등은 자연스러웠다

모든 국민은 법 앞에 평등하다. 누구든지 성별·종교 또는 사회
적 신분에 의하여 정치적·경제적·사회적·문화적 생활의 모
든 영역에서 차별받지 아니한다. (헌법 제11조 1항)

지금은 너무도 당연하게 생각하고, 누구도 의문을 제기하지
않는 '법 앞의 평등'은 그렇게 당연히, 아무런 의심과 고통 없이
갖게 된 권리가 아니었다. 오랜 세월 동안 인간은 결코 평등하
지 않았으며, 법은 오히려 불평등을 당연한 것으로 간주했다.
  불평등을 자연스러운 것으로 보는 법의 논거는 신분 세습 논
리였다. 그에 따르면 '사람의 신분은 각자 타고나는 것'이었다.
의지나 능력과는 무관하다. 지배계급은 이런 논리를 갖고 피지
배계급에 대한 지배와 착취를 정당화했다. 신분은 누구도 벗어
날 수 없으며, 천한 백성은 자기 신분을 벗어난 일은 아무것도

할 수 없다는 숙명의 논리였다. 숙명이라는 인식은 피지배자들의 저항 의지를 꺾었다. 조선의 공노비·사노비, 서양의 노예, 인도 카스트제도의 불가촉천민에게 억압의 논리가 똑같이 적용되었다.

그리스 철학자 플라톤은 노예를 일컬어 "생각할 능력이 없는 존재"라며 노예제도를 "신이 내린 질서"라고 정당화했다. 플라톤의 제자 아리스토텔레스 역시 플라톤과 같이 노예제도를 지지했으며, 지배와 피지배는 자연적이고 필연적이기에 노예 지배 역시 도덕적으로 정당하다고 믿었다.

그들이 위대한 철학자인 것은 분명하지만, 시대의 한계에 갇혀 자유·평등에 대한 의지와 가치가 결핍될 수밖에 없는 점 또한 분명했다. 그리고 이런 결핍 속에 만들어진 그들의 사상은 이후 역사 속에서 노예제도를 정당화하고, 인간을 억압하는 법의 뿌리가 되었다. 선천적 신분설에 기초한 법 논리는 동서양을 불문하고 불평등을 정당화하는 이론으로 오랜 세월 지배 이데올로기가 되었다.

당연시되었던 노비와 노예법

조선 역시 신분제 사회였다. 법제적으로 양인과 천인이 구분되어 있었다. 양인은 과거 응시 자격과 관료 진출이 허용된 자유민이었으나, 천인은 개인이나 국가기관에 소속되어 천역을 담당한 부자유스러운 신분이었다. 천인에 속한 이들은 노비와 노비에서 파생된 기생·백성·광대 등이었는데, 그중 내부분을 차지한 것은 노비였다. 재물처럼 취급한 사노비는 매매·상속·증여 대상이었고, 부모 중 한 쪽만 노비인 경우에도 자식은 노비가 되는 신분 세습제였다.

국가는 주인이 자신의 노비에게 개인적 형벌을 가할 수 있도록 허용했고, 노비가 죄를 지은 경우 관에 고하고 죽일 수 있는 권한까지 있었다. 이에 반해 노비는 주인이 자신의 부모형제를 죽이거나 혹독한 형벌을 가하더라도 관청에 고발하거나 호소할 길이 없었다.

일반 백성은 탐관오리라고 할지라도 관찰사나 고을 수령을 고소할 수 없었고, 하급 관리도 상급 관리의 부정부패를 고소할 수 없었으며, 고소할 경우 오히려 곤장을 맞았다(부민고소금지법部民告訴禁止法). 이런 법률을 아들이 아버지를 고소할 수 없는 법처럼 '아름다운 법'이라 칭송했다.

조선시대 신분제도는 계급과 불평등을 당연시하는 법 제도였으며, 본질적으로 양반을 위한, 양반에 의한, 양반의 제도였다. 신분 세습제에 따라 노비 신분에서 벗어날 길이 전혀 없었던 계급사회에서는 가족과 사랑도 존재할 수 없었다. 아들과 딸이 물건처럼 팔려나가는 세상에서 인간의 존엄성과 평등은 감히 상상하기도 어려운 것이었다. 유학을 숭상하는 양반 지배계급 사회에서 백성이 나라의 근본이라고 하는 유학의 민본주의가 실제로는 기만적인 지배 정책일 수 있었다.

조선조에서는 이례적으로 세종은 노비들을 위해 획기적인 정책을 펼쳤다. 출산한 노비에게 100일 휴가를 주고 출산 전 1개월에도 입역立役(노역에 이바지하는 일)을 면제해주었으며, 나중에는 출산한 노비를 간호하기 위해 남편 공노비에게도 30일의 휴가를 주도록 조치했다.[*]

현행 '근로기준법'은 임신 중 여성에게 출산 전후 90일의 출산휴가를 인정하고 있고, '남녀고용평등과 일·가정 양립 지원에 관한 법률'은 근로자에게 배우자 출산에 따른 10일간의 휴가를 인정하고 있다. 출산휴가 및 배우자 출산휴가는 2012년에 비로소 인정된 제도임에 비춰볼 때, 세종의 조치는 매우 혁신적인 것으로 노비에게 적용하는 법뿐 아니라 일반적으로 확장해보았을 때도 오늘의 근로기준법보다 더 훌륭한 법과 제도였다.

영조 역시 개혁적 성향을 지닌 군주였다. 영조는 노비가 도망칠 경우 관리가 추적해 붙잡아 오는 추쇄법推刷法이라는 제도를 철폐했으며, 노비가 도회지로 도망쳐 자신의 노동력을 팔아서 생활하는 것을 인정했다. 2010년 높은 시청률을 올린 드라마 〈추노〉는 추쇄법에 얽힌 이야기이다.

---

[*] 국사편찬위원회, 《조선초기의 사회와 신분구조》(한국사 25), 2013, 218쪽.

하지만 이런 법과 제도는 성군이나 개혁적 군왕이 나타날 때 반짝 존재할 수 있거나, 정치적 목적으로 이루어진 지극히 예외적인 조치였다는 근본적 한계가 있다. 노비제도 자체가 폐지되는 등 법의 본질이 달라지는 것은 아니었기 때문이다.

자유와 평등으로 상징되는 서구의 근대사회도 마찬가지였다. 16세기부터 19세기까지 노예를 이용해 농장을 경영하고, 돈을 벌기 위해 조직적인 노예무역을 보장한 것도 법이었다. 노예를 인간이 아닌 돈벌이 수단으로, 부의 원천으로 보았다. 포르투갈, 스페인, 네덜란드, 영국 등이 '인간 사냥'을 통해 노예무역으로 돈을 벌어들였다.

아프리카인은 노예 운반선에 가축처럼 차곡차곡 쌓아 운반되다 목적지에 도달하기 전에 질병과 기아, 채찍질에 죽어갔고, 살아남은 사람도 인간 존엄성을 박탈당한 채 절망 속에 살아야 했다. 살아서도 죽어서도 헤어날 수 없는 악마의 늪이었다. 심지어 프랑스혁명에 환호했다는 철학자 헤겔도 "흑인은 노예 운명에서 벗어날 줄 모르는 어린아이 같다"고 말했다. 근대 국가, 문명국가를 자처한 이들의 낯 뜨거운 모습이었다. 이처럼 하나의 시대에 당연하다고 여긴 법도 실은 당연한 것이 아니었던 경우가 많다.

2. 자유·평등은 하늘에서 내려준 권리가 아니다

법률 서적들은 자유와 평등을 하늘에서 내려준 권리, 즉 천부인
권天賦人權이라고 하나같이 기술하고 있다. 오늘 우리는 자유와
평등을 하늘이 내려준 자명한 권리로 믿고 있지만, 이 땅에 자
유와 평등이 뿌리내리고 꽃피우는 것까지 하늘에서 알아서 해
준 것은 아니었다.

자유·평등의 법 쟁취를 위한 노비·노예 해방운동

수천 년의 한국 역사에서, 조선왕조 500년 역사에서, 최초로 평
등에 대한 법적 근거를 갖추게 된 것은 1894년 갑오개혁을 통
해서였다. 갑오개혁에서 공사 노비제도 일체를 폐지하고, 역인
驛人(역리와 역졸)·창우倡優(가면놀이나 연극, 줄타기 등 재주를 부리던 사람)·
피공皮工(가죽으로 물건을 만드는 사람) 천민층을 해방하고, 서얼과 중
인의 사회적 지위 향상 등을 도모했다. 비록 앞 장에서 살펴보
았듯이 갑오개혁을 통해 갖춘 법체계가 그 의미를 제대로 살려
현실에 적용되는 데는 한계가 있었다. 하지만 법의 관점에서 갑
오개혁의 신분제 폐지는 인간의 자유·평등과 인간 존엄성의
출발을 의미하며, 조선 사회를 지배하던 신분 질서 혁파는 양반
중심의 통치 형태와 구조의 근간을 바꾸는 조치라는 점에서 혁
명적 근대 개혁이라 할 수 있다.

조선시대 노비나 백정의 법적 지위는 백성인데 백성이 아니었고, 인간인데 인간 취급을 받지 못하는 유령 같은 존재였다. 백정은 무적자無籍者(호적이 없는 사람)로서 백성 자격이 없었다. 기와집에 거주하거나 명주옷을 입고 관을 쓰는 것도 금지되고, 일반인 앞에서 흡연·음주를 할 수 없었으며, 초상을 치를 때도 상여를 사용하지 못하고, 혼인 때 말이나 가마도 쓸 수 없었다. 거주 지역도 제한되었고, 묘도 일반인과 같은 지역에 쓸 수 없었다. 일반인과 동등한 교육이 허락되지 않았음은 물론이고, 이름도 마음대로 짓지 못했다. 살아서는 억압과 능멸, 죽어서도 묘지조차 마음대로 쓸 수 없는 차별이었다. 글로 쓰이지 않은 역사의 빈 공간에서 이들이 당한 고통은 임진왜란 당시 노비 문서를 관리하던 장예원과 임금이 정사를 보던 경복궁에 불을 지른 것이 침략한 왜군이 아니라, 노비들이었던 이유를 짐작케 한다.

갑오개혁이 양반 제도 자체를 폐지한 것은 아니었고, 기생 등 일부 천민층을 해방 대상에서 제외하는 등 비록 불완전한 신분 해방이었지만, 그렇다고 해서 갑오개혁의 의미를 부정할 수는 없다. 갑오개혁은 조선 왕과 지배계급이 은혜로운 자비를 베풀어 자발적으로 신분제를 부분 폐지한 것이 아니다. 기나긴 억압과 불평등한 세월 속에서 갈망하던 자유·평등이 동학농민혁명군의 숭고한 죽음과 희생에 힘입어 몇 발짝의 제도 개혁으로 반영된 것이다.

갑오개혁으로 신분 해방의 법적 토대가 일부 마련되었으나, 을미사변 이후 일본과 가까웠던 갑오개혁의 주역들이 처형당하거나 일본으로 망명하면서 개혁을 마무리하지 못했고, 국권 상실로 미완의 주제로 남게 되었다.

일제 치하에서도 계속된 천민에 대한 사회적 억압과 차별을 타파하고자 설립된 단체가 형평사다. 형평사는 백정의 신분 해방과 평등 사회 건설을 목표로 1923년 4월 창립되어 1930년대 중반까지 활동한 단체다. 형평사라는 이름은 저울대 형衡, 고를 평平, 모일 사社, 즉 저울대같이 인간의 신분은 평등해야 한다는 의미다. 법의 여신이 한 손에 저울을 들고 있는 모습이 연상된다.

형평사 활동 과정에서 양반, 관리, 농민 등은 형평운동을 기존 질서에 대한 도전으로 보고 충돌과 박해를 가했다. 지배계층이 아닌 농민마저도 백정의 신분 해방과 평등 주장을 백정과 자신들의 동질화 또는 자신들의 사회적 계급 추락으로 인식해 각종 폭력을 행사했다. 차별 발언을 한 상점 주인과 말다툼을 한 형평사원을 집단 폭행하고 습격하거나, 백정의 자식을 학교에서 쫓아내는 등 탄압은 계속되었다.

한반도가 일제 식민지로 전락하고 강점당한 후 한반도에 거주하는 모든 민족은 신분을 막론하고 일제의 피지배계층이 되었다. 법적으로는 일본 천황에 충성을 강요당하는 노예 신분이었다. 사실상 양반, 상민, 천민이라는 신분 계급 차이는 아무런 의미도 갖지 못할 뿐 아니라 존립 기반 자체가 소멸되었다. 그럼에도 불구하고 형평사 운동 과정을 살펴보면 양반과 상민을 차별하려는 의식이 여전히 남아 있었고, 천민은 폭력에 몸을 드러낸 대상이었다. 천민은 일제에 의해 탄압받는 동시에, 같은 민족으로부터도 차별과 억압을 받아야 했다.

일제는 형평사의 활동을 두고 보지 않았다. 1933년에는 '형평청년전위동맹' 사건을 일으켰다. 형평사가 백정의 계급 해방을 위해 비밀결사를 조직했다는 혐의로 형평사 관련자 100여 명을 검거, 7개월간이나 취조·고문하여 이 중 13명을 치안유지법 위반으로 구속했다. 이 사건으로 형평사는 급격히 퇴조했고, 1935년 결국 막을 내리게 되었다.

10년 뒤, 한반도는 일제로부터 해방을 맞았다. 모든 국민은 법 앞에서 평등한 신분이 되었다. 하지만 사회는 여전히 혼인과 예절 등에서 가문을 따지고, 양반 가문으로 인정받고 싶어 족보를 만들었으며, 백정이 사는 마을을 손가락질했다. 현대 평등 사회에 이르러서도 양반 가문에 대한 야릇한 향수는 우리 문화에 끈질기게 살아남아 있다.

법 제정은 매우 중요하다. 하지만 사회 인식과 관습을 타파하는 것이 법 제정보다 더 어려운 문제일 수 있다. 오랜 세월 누적

에이브러햄 링컨 대통령이 1863년 1월 1일 발표한 노예해방 선언문.

된 사회제도와 관습이 하루아침에 사라질 수 없기 때문이다. 자
유와 평등 정신이 뿌리내리기까지는 숱한 눈물과 투쟁이 따르
곤 한다.

미국의 인종 문제를 보면 그러한 사실을 여실히 알 수 있다.
미국은 1776년 영국의 식민지로부터 해방되기 위해 독립전쟁
을 치르며 독립선언을 했고, 1789년 연방헌법을 제정했다. 미
국의 독립선언서는 "우리는 다음의 사실들을 자명한 진리로 받
아들인다. 인간은 모두 동등하게 창조되었으며, 창조주로부터

몇 가지 양도할 수 없는 권리를 부여받았다"는 저명한 문구로 시작한다. 그러나 연방헌법과 독립선언서는 오로지 백인에게만 적용되는 것이었다. 인디언은 야만족으로 제거해야 할 대상이었다. 집약적 노동력을 통해 농장을 경영하기 위해 흑인 노예가 필요한 남부인들은 노예제도의 합법화를 요구했고, 정부는 정치적 안정을 도모하기 위해 노예제도를 어정쩡하게 합법화함으로써 남북전쟁의 원인을 제공했다.

미국이 독립한 후 100여 년 가까이 지난 1863년 1월 1일 남북전쟁 과정에서 링컨 대통령은 노예해방을 공식 선언했고, 남북전쟁이 끝난 후 미국 수정헌법 제13조를 통해 노예제도는 폐지되었다. 숱한 피를 흘리며 노예제도라는 법의 껍데기를 힘겹게 벗겨냈지만, 그것으로 끝이 아니었다. 오히려 노예해방 얼굴 뒤에 가려져 있던 인종차별 실상이 드러났다.

1865년에 조직된 비밀결사 조직 KKK는 흑인 투표권 행사를 막기 위해 흑인을 표적으로 한 가옥 파괴, 방화, 암살 등 잔혹한 폭력을 행사했다. 또 백인 무장 세력이 남부 최초로 구성한 흑백 통합 지방정부를 해산시키는 미국 역사상 유일한 쿠데타를 일으키기도 했다. 이후로도 인종차별과 평등 문제는 미국 역사에서 가장 괴로운 이슈로 미국을 괴롭혀왔고, 현재도 심각한 사회문제로 들끓고 있다.

우리가 합리적 차별이라고 말하는 법

우리 역사의 노비와 천민 제도, 서양 및 미국 역사의 노예제도
는 역사의 어두운 치부였고, 이에 뿌리를 둔 인종차별 문제도
여전히 심각하다. 동학농민혁명군도, 미국 헌법의 아버지들과
선각자들도 노비·노예제도의 문제점에 대한 정답을 알고 있었
다. 그 답은 오래전부터 제시되어왔으나 현실에 적용하는 데는
수많은 역경을 겪었다. 깨어 있는 자들은 정답을 이미 알고 있
었지만, 그 정답을 현실에서 실천하고 뿌리내리는 것은 또 다른
어려운 문제였다.

　인간이 만든 억압의 뿌리가 강고한 만큼 억압의 뿌리를 잘라
내는 것 또한 그만큼 어려웠다. 오늘날 자명한 진리로 믿고 있
는 신분의 자유와 평등 역시 단번에 쟁취 가능한 것이 결코 아
니라는 것을 법의 역사는 보여주고 있다. 자유와 평등을 만들어
내는 것도 인간이었고, 자유와 평등을 박탈하는 것도 인간이었
기 때문이다.

　인간이 만든 법의 이름으로 벌어진 일이었고, 현재도 벌어지
고 있는 일이다. 양반과 쌍놈이라는 말로 상징되는 신분 질서와
노예제도로 상징되는 불평등도 당시 지배계급에게는 지극히
합리적 차별로 여기는 법과 제도였다는 사실을 기억해야 한다.

　오늘날 우리가 합리적 차별이라고 당연시하고 있는 법률에
따른 차별 역시 합리적 차별인지 숙고해보아야 한다. 예컨대 정

규직과 비정규직의 차별, 남녀 성별에 따른 각종 차별, 이주 노동자에 대한 차별, 장애인 차별, 성소수자 차별 등이 그러하다. 우리 사회가 고뇌와 성찰 없이 임의적으로 기준을 설정해놓고, 이를 벗어나면 열등한 존재로 취급하고 차별하는 사회는 평등하고 정의로운 사회가 아니다.

남성 제대군인에게 공무원 채용 시험에서 과목별 만점의 3~5% 가산점을 부여하는 제도가 여성과 장애인에 대한 차별 금지에 위배되는지 사회적 문제가 되었고, 헌법재판소는 이 제도가 합리성을 상실하고 평등 원칙을 위반한 것이라고 판단*했다. 판결을 통해 결론이 명확해진 것처럼 보이지만, 아직도 일부 남성은 합헌이라는 주장을 굽히지 않는 상황이다.

어떠한 법도 역사적 상황과 시간을 벗어나기란 결코 쉽지 않다. 법조인 역시 이로부터 자유로울 수 없다. 하지만 결국은 원칙과 근본으로 돌아가서 사유해야 한다. 특히 합리적 차별 여부를 판단해야 하는 최전선에 서 있는 법조인은 자유와 평등의 가치를 뜨거운 가슴으로 받아들이고 고민해야 한다.

---

* 헌법재판소 1999. 12. 23. 98헌마363.

3. 가장 낡았지만 항상 새로운 자유·평등의 법

자유·평등의 시선과 현실

자유와 평등의 확보 문제는 인류 역사에서 가장 오래된 숙제이다. 우리는 늘 자유·평등 사회를 꿈꾸지만, 불평등 현상은 시간과 공간을 초월해 뛰어넘기 어려운 벽으로 엄연히 존재하고 있다. 자유와 평등은 가장 오래된 문제인 만큼 '가장 낡은 문제'임과 동시에 '항상 새로운 주제'이다. 낡은 주제라고 낡은 희망으로 남겨둘 수는 없다. 너무 절박하고, 중요하면서 근본적 문제이기 때문이다.

우리 헌법은 전문에서 "정치·경제·사회·문화의 모든 영역에 있어서 각인의 기회를 균등히 하고, 안으로는 국민 생활의 균등한 향상을 기하고"라며 평등을 선언하고 있고, 제11조에서 법 앞의 평등, 사회적 특수 계급 불인정 등을 규정하고 있다. 세계 각국의 모든 헌법에도 평등 규정이 존재한다. 헌법 규정에서 보듯이 평등은 단순한 사상의 문제를 넘어 당연히 지켜야 할 법 문제로 규범화되었다. 평등이 결코 법에서만 독점할 수 있는 단어는 아니지만, 평등이 법 문제인 것 또한 분명하다.

법에서 '형식적 평등'이라고 일컫는 신분과 계급에 따른 차별 금지 또는 소극적 기회 평등에 대해 부정하는 법률가는 거의 없다. 형식적 평등만을 평등이라고 주장하는 학자도 찾아볼 수 없다. 그렇지만 남녀평등 같은 형식적 평등 문제도 여전히 극복해야 할 과제로 남아 있다.

현대의 평등은 구체적인 사회 현실에서 불평등을 없애고 경제적 약자의 인간다운 생활이 가능하도록 보장하려는 경제적·실질적 평등에 치중해 있다. 일반 국민과 언론의 관심도 경제적 평등 문제에 쏠려 있다. 오늘날 대한민국은 상위 10% 집단의 소득 비중이 50%를 넘어 갈수록 빈부 격차는 심해지고 있으며, 연애·결혼·출산을 포기한 젊은이를 지칭하는 '3포 세대'부터 지옥 같은 한국을 지칭하는 '헬조선'이란 단어가 대한민국의 유행어가 된 지 오래다. 이는 비단 대한민국만의 문제가 아니다. 신자유주의는 터보 엔진을 부착하고 불평등에 가속도를 내고 있다. 1%도 안 되는 부유층이 전 세계 부의 약 44%를 보유하고 있는 등 부의 양극화가 가속화하고 있다.

돈은 그 자체로 또 다른 돈과 권력을 만들어 더 큰 부와 권력을 거머쥐게 되고, 가난은 필연적으로 더 큰 가난을 불러와 빈곤을 심화시킨다. 이렇게 빈부 격차와 불평등 현상이 고착화 및 심화되고 있다는 사실은 전 세계적으로 확인되고 있다. 그 결과 만연한 불평등과 기득권 정치에 분노한 민중의 시위가 아시아, 아프리카, 유럽과 아메리카 대륙까지 세계 전역에서 들불처럼 타오르고 있다.

문제는 형식적 평등을 넘어서 경제적·실질적 평등을 바라보는 법적 시선이 매우 다양하다는 점이다. 어떠한 불평등도 정당화될 수 없다는 절대적 평등을 최고선으로 주장하는 사람, 개인의 자유와 책임으로부터 비롯된 불평등은 지극히 당연하다고 보는 사람, 개인의 책임으로 돌릴 수 없는 불평등을 시정하면 된다는 자유주의 관점에서 평등을 주장하는 사람, 평등이란 구체적 상황에 따라 발생하는 다수의 다른 가치와 대등한 위치에서 조정해야 한다며 다원적이고 균형 잡힌 평등을 주장하는 사람도 있다.

이렇듯 평등을 바라보는 다양한 관점 차이에 따라 평등에 대한 판단 기준이 서로 달라 갈등을 해결하기가 더욱 어려워지고 있다. 이러한 가치 평가 기준과 인식 중에서 어떤 입장을 취하는 것이 가장 정의로운 결과를 이끌어낼 수 있는 것일까?

근로시간과 평등

산업사회에서 '실질적 평등' 문제가 강하게 대두된 사안이 바로 노동자의 근로시간 책정이다. 산업혁명이 일어난 18세기 후반부터 영국과 유럽 대륙의 자본가들은 노동력을 자신이 구입한 '상품'으로 취급했다. 노동자와의 근로계약은 상품을 마음대로 구입하는 것처럼 아무런 제한이 없었고, 자본가는 계약자유의 원칙을 하늘이 내린 자명한 권리처럼 휘두르며 노동자의 노동시간과 임금을 마음대로 결정했다. 노동자는 1일 15~18시간씩

장시간 노동 착취를 당했고, 임금은 겨우 죽지 않을 만큼만 받아야 했다. 수많은 노동자가 죽고, 다치고, 병들어 고통받았다. 자본가와 노동자 사이에 실질적 평등은 존재하지 않았다. 노동을 신성시한다는 말은 달콤한 거짓이었다.

자본주의의 횡포가 심화되면서 근로시간 단축 문제와 법제화는 노동운동의 세계적 과제가 되었고, 1일 8시간 근로제를 보장받기 위해 투쟁이 이어졌다. 그 결과 국제노동기구ILO는 1919년 공업에서 근로시간을 1일 8시간, 1주 48시간으로 제한하는 조약을 제1호 협약으로 채택했고, 1935년 근로시간을 1주 40시간으로 단축하는 협약(제47호)을 채택했다. 실질적 평등을 향한 근로시간 단축이 곧 노동법 역사에 한 획을 그었다.

대한민국이 근로시간을 법으로 규정한 것은 1953년 제정·공포한 근로기준법이었다. 1953년 근로기준법에서는 1일 법정근로시간을 8시간, 주 48시간으로 제한했고, 1989년에는 주 44시간, 2003년에는 주 40시간을 초과할 수 없도록 규정함으로써 주 5일제 근무가 가능해졌다. 일주일의 법정근로시간이 오랜 기간에 걸쳐 48시간에서 44시간으로, 40시간으로 더디게 단축되었지만, 이러한 변화가 실제 근로시간 단축으로는 연결되지 않았다. 현재도 우리나라는 경제협력개발기구OECD 국가 중 근로시간이 가장 길다는 오명을 쓰고 있다. 연장 근로와 휴일 근로가 만연한 탓에 법정근로시간 단축이 효과를 발휘하지 못한 것이다. 2018년 법 개정은 이렇게 현장에서 연장되곤 하는 실제 근로시간을 단축하려는 것이 목표였다. 법정근로시간이 연장 근로 12시간을 초과할 수 없도록 하여 법정 상한 근로시간을 주 68시간에서 52시간으로 개정한 것이다.

노동시간 감축을 둘러싸고 사업주와 노동자 입장은 대립되어 왔다. 노동자는 근로시간이 줄어야 노동자의 건강권을 지키고, 여유 시간이 늘어 삶의 질이 향상되며, 충분한 휴식 시간이 스트레스 해소와 노동생산성 향상에 도움을 주고, 산업재해를 줄이고, 일자리 창출 효과가 있다는 주장을 펼쳤다. 반면 사업주는 임금 상승과 고용 확대로 기업의 경제적 부담이 늘어 기업 경쟁력이 떨어짐으로써 경제에 부정적 영향을 미치고, 노동자의 실질적 임금 감소로 노동자에게도 손해라며 노동시간 감축을 반대한다.

노동자의 건강권 침해와 생산성 저하 등의 부작용을 막기 위해 노동시간 단축이 필요하다는 사실은 오래전부터 제기되어 왔다. 그 필요성이나 방향성 자체를 부정하는 이는 거의 없다. 그러나 그 구체적 시행 방법과 시기를 놓고 이해관계가 다른 집단끼리 항상 대립해왔다. 1일, 일주일의 시간 중 노동시간을 몇 시간으로 해야 한다는 데 자연스러운 법칙이나 자명한 진실은 존재하지 않는다. 신도 대답해준 사실이 없다. 국제노동기구에서 제시한 기준만 존재할 뿐이다.

1970년 전태일은 "근로기준법을 준수하라. 우리는 기계가 아니다"라고 부르짖으며 분신했다. 그로부터 수십 년이 지난 현재, 우리 사회 노동 조건은 얼마나 개선되었을까? 코로나로 엄청나게 늘어난 택배 물량과 하루 16시간이 넘는 장시간 근무로 택배 노동자들이 과로사하는 것이 지금의 현실이다. 이같이 안타까운 현실 앞에서 노동시간 단축이 우리에게 어떤 의미인지 대답해야 한다. 현재 택배 노동자는 실질적으로는 '노동자'임에도 불구하고 법적으로는 '개인 사업자'로 규정되어 있다. 따라서 자본가의 입장에서 볼 때 이들은 근로기준법 적용 대상이 아니고, 법정근로시간 주 52시간을 지킬 필요도 없다. 자본가가 고용주로서 책임을 회피하고 노동자를 무제한 착취할 수 있는 상황이다.

이렇게 자본가의 무한 욕망에 무제한으로 늘어나는 노동시간을 방치하는 것이 과연 정의로운가? "일하지 않는 자는 먹지 말라"며 노동 윤리 이름으로 자행되는 위선의 탈을 벗겨내야 하지 않겠는가? 노동시간 단축으로 일자리를 타인과 평등하게 나누어야 하지 않을까?

이제는 이런 자본의 비윤리적 행위에 대해 법이 목소리를 내야 한다. 택배 노동자는 개인 사업자이기 때문에 근로기준법으로 보호할 수 없다는 말만 반복하는 정부가 되어서는 안 된다. 그것이 형식적 평등이 아닌 실질적 평등을 실현하기 위해 정부와 국회가 나아가야 할 길이다.

최저임금과 평등

실질적 평등을 실현하기 위한 또 하나의 법적 제도가 최저임금제이다. 최저임금제는 국가가 노동자와 사용자 사이의 임금 결정 과정에 개입해 임금의 최저 수준을 정하고, 사용자에게 이 수준 이상의 임금을 지급하도록 법으로 강제해 저임금 노동자를 보호하는 제도이다. 형식적 평등을 넘어 실질적·경제적 평등으로 나아가기 위해 반드시 거쳐야 할 관문이 바로 최저임금제이다.

그럼에도 최저임금 인상을 두고 매해 사용자와 노동자 사이의 입장 차이는 줄어들지 않고 첨예한 대립을 반복하고 있다. 노동자는 최저임금 인상이 저임금 노동자의 최소 생계 보장에 도움이 되고 빈곤 해소에 기여하며, 소득 불평등을 완화한다고 주장한다. 반면 사용자는 임금 상승으로 일자리가 줄어 빈곤이 악화되고 소득 불평등이 더욱 심화될 것이라고 정반대로 주장한다.

우리나라는 1953년 근로기준법을 제정하면서 최저임금제 조항을 규정했으나, 경제 상황이 이를 수용하기 어렵다는 판단 아래 애써 만들어놓은 규정을 운용하지 않았다. 이후 최저임금제를 도입할 필요성이 강하게 대두되어 1986년 최저임금

법이 제정되고, 1988년 비로소 최저임금제를 실시하게 되었다. 1988년에 시간급 462.5원과 487.5원으로 시작해 1990년 690원, 2000년 1,600원, 2010년 4,110원, 2020년 8,590원으로 꾸준히 인상됐다. 2021년 최저임금 8,720원 기준으로 월 급여는 1,822,480원이다.*

이렇게 최저임금제가 법률로 정해졌음에도 계약자유의 원칙을 앞세우며 최저임금 보장을 거부하는 자본가는 여전히 존재한다. "근로자들의 최저임금에 산입되는 임금의 범위를 규정한 최저임금법이 사업자의 계약자유를 침해한 위헌이 아니냐"는 일반택시운송사업자들의 소가 헌법재판소에 제기된 적도 있다. 이에 대해 헌법재판소는 "법률 조항은 일반택시운송사업자들이 택시 운전 근로자들과 근로계약을 체결할 자유를 일부 제한하는 바, 이는 택시 운전 근로자가 보다 안정된 생활을 영위할 수 있도록 하기 위한 정당한 목적에 기하여 규정한 것이고, 택시 운전 근로자들의 인간다운 생활과 적정 임금의 보장이라는 공익에 비추어 사업자의 계약자유를 침해한다고 할 수 없다"고 결정했다.** 최저임금제 자체가 합헌이냐 위헌이냐는 논쟁은 이렇게 정리된 바 있다.

그렇다면 자본가의 욕망을 제어하고 노동자와 상생할 수 있

---

* 최저임금위원회 www.minimumwage.go.kr
** 헌법재판소 2011. 8. 30. 2008헌마477.

는 법은 어떻게 만들어지는 것일까? 미국에서 최저임금제가 확립되는 경과는 흥미롭고 시사점이 많다. 1929년 10월 24일 뉴욕 증권시장이 폭락하는 사태가 벌어진다. 역사가들은 이 날을 '검은 목요일'이라고 기록했다. 주식 붕괴로 미국에서만 5,000개의 은행이 부도를 냈고, 주식에 투자한 개인도 다수 파산했다. 미국 국민의 약 3분의 1이 실업자가 되어 거리를 메웠다. 이 여파로 전 세계는 미증유의 대공황을 겪었다.

프랭클린 루스벨트 대통령이 이 대공황에서 노동자의 최소 생계를 보장하기 위해 채택한 제도가 최저임금제였다. 국가가 법을 통해 자본가를 규제하고, 국민 복지에 관여해 평등을 구현하려는 것이었다. 하지만 1936년 미국 연방대법원은 최저임금제가 "사용자가 적절한 임금에 대해 자유롭게 절충할 자유를 박탈했다"며 위헌이라 선고했다.

그런데 연방대법원은 판결의 잉크가 마르기도 전인 1937년 웨스트코스트 호텔 판결West Coast Hotel Co. v. Parrish 사건에서 "최저임금제는 합리적이고 공동체 전체의 이익을 위한 것으로 적법하다"고 합헌으로 입장을 바꾸어 선고했다. 연방대법원 대법관이 단 1명도 바뀌지 않은 상태에서 1년 전의 선례 판결을 정면으로 뒤엎은 것은 대단히 이례적이었다. 어린아이들이 빵과 우유가 없어 굶어 죽어가고 있는 상황에서 사법부가 더 이상 계약자유의 원칙을 내세울 수 없었던 것이다.

물론 계약자유의 원칙은 매우 중요하고, 꼭 필요한 법 원리 중 하나라는 점은 부인하기 어렵다. 하지만 이를 내세워 최저임금제를 위헌이라 판결하는 것은 시민의 생존권을 위협하는 결과를 낳고, 이는 결국 법의 존재 이유를 부정하는 것과 다름없었다. 미국 연방대법원이 1년 만에 스스로 판결을 뒤집은 것은 국민의 목소리와 정의에 귀 기울여 내놓은 법적 해결책이었다.

평등이 가능해지는 법

이렇게 최저임금제 자체가 실질적 평등을 실현하기 위해 필요한 제도라는 데 합의했다면, 이제 더욱 어려운 문제와 마주친다. '최저임금을 실제 얼마로 결정해야 정의로운 것이라고 할 수 있는지' '최저임금을 정하는 구체적 기준은 무엇인지'에 대한 답을 구하는 것이다. 이 질문에 답을 얻기 위해서는 도대체 인간은 빈부 격차가 어느 정도일 때 불평등하다고 여기는지, 불평등과 평등을 구별할 수 있는 기준점은 무엇인지부터 고민해보아야 한다.

과거부터 지금까지 수많은 현자가 불평등을 극복해야 한다고 지적해왔지만, 어느 정도까지 불평등을 허용할 것인가에 대해서는 명확한 기준을 제시하지 못했다. 서구 민주주의 원형이라는 그리스 아테네에서도 빈부 격차가 극심해 빚을 갚지 못하고 노예가 되는 사람이 많았고, 이로 인한 갈등 때문에 사회가 위기에 빠졌다. 플라톤은 토지 분배 소유에서 가장 많이 소유하는 사람이 가장 적게 소유하는 사람의 '4배 이상'을 가져서는 안 된다고 말했다. 평등과 불평등의 구분 기준은 빈부 간 격차가 4배가 넘는지 여부라는 것이다. 물론 이것은 정답이 아니다. 플라톤이 말하는 '4배'라는 기준은 객관적 근거가 없으며, 그저 개인의 생각에 불과할 뿐이다.

자본주의에 대한 낙관주의가 최고조에 달했을 즈음에는 정부나 법의 개입 없이도 부 자체의 기능으로 경제가 합리적으로 돌아갈 것이라는 주장도 나왔다. 애덤 스미스가 쓴 《국부론》이 그것으로, 개인이 자신의 이익을 추구하면 수요와 공급이 균형을 맞추어 사회는 번영을 이룬다는 '보이지 않는 손' 이론이다. 하지만 이런 낙관론이 현실에서 적용될 수 없다는 사실은 대공황과 부의 양극화를 통해 이미 입증되었다.

부익부 빈익빈을 타개하기 위한 방법론을 제시한 것이 토마 피케티Thomas Piketty의 《21세기 자본》이다. 그는 여기서 방대한 자료를 분석해 "자본 수익률(이자, 이윤, 배당금, 자본소득, 임대료 등)이 생산과 소득 성장률(임금, 급여, 상여금 등)을 넘어설 때 자본주의는 자의적이고 견딜 수 없는 불평등을 양산해낸다"고 지적하면서 민주주의가 자본주의에 대한 통제력을 되찾고 공동의 이익이 사적 이익에 앞서도록 보장할 수 있는 방법으로 누진적 소득세, 글로벌 자본세 등을 제안했다. 불평등 문제는 "민주주의가 자본주의를 통제할 수 있을 때 해결할 수 있다"는 피케티의 지적은 문제 해결의 정곡을 찌르는 것이다. 결국 경제적 평등의 기준을 정하고 이를 향상시키는 주체는 국가를 형성하는 정치적 공동체 구성원들이며, 민주주의가 자본주의를 통제할 수 있는 구체적 수단이 바로 법이다.

미국이 1929년 대공황에서 최저임금제, 누진소득세 등을 실시해 부익부 빈익빈의 불평등 문제에 개입해 대공황을 극복해 낼 수 있었던 것도 바로 법을 통해서이다. 덕분에 미국이 이후 '자본주의 황금기'라 불리는 시대를 누릴 수 있었다는 역사적 사실은 우리에게 불평등을 해소하기 위한 해법을 제시하고 있다. 법을 통해 불평등을 무너뜨리고 평등의 길을 열 수 있다는 사실이다.

자본주의 이데올로기는 '가난은 곧 무능'이라는 인식을 확산시키고 강요하기까지 한다. 돈이 더 많은 돈을 낳고, 가난이 더 극심한 가난을 낳는 사회에서 희망은 사라진다. 부자와 가난한 자라는 새로운 신분 질서가 고착화되면서 계급 이동의 사다리가 붕괴된 황금 계급사회에서는 분노와 적대적 증오가 끓어오를 수 있다.

2014년 2월 서울 송파구 석촌동에 사는 세 모녀가 큰딸의 만성질환과 어머니의 실직으로 인한 생활고에 시달리다가 "정말 죄송합니다"라는 메모와 함께 전 재산인 70만 원을 집세와 공과금으로 놓아두고 극단적 선택을 했다. 법이 사회적 약자를 방치하고 외면하는 사이 세 모녀는 사죄할 아무런 이유가 없었음에도 사과의 유서를 남기고 세상을 떠났다.

자유가 무엇인지 그 개념을 명확하게 말하기는 어렵지만, 자유란 '자신의 삶에 대한 자기 결정권'이라 할 수 있을 것이다. 국가권력 등의 침해와 간섭으로부터 벗어나 개인 삶에 대해 스스로 결정할 수 있다는 것이 핵심이다. 그런데 자유는 가난과 불평등 속에서는 꽃피우기가 어렵다는 것을 이 사건은 말해주고 있다.

불평등 상태에서는 자유가 아무런 의미를 갖지 못할 수 있다. 이런 사회에서 정의는 숨 쉴 공간을 잃게 된다. 자유는 평등과 결코 무관한 독립적 존재가 아니며, 때로는 평등 수준이 자유의 정도를 결정하기도 한다. "우리가 얼마나 자유로운가?"라는 질문은 "우리가 얼마나 평등한가?"라는 것과 맞닿아 있다. 평등의 크기와 자유의 크기가 비례할 수 있다. 자유와 평등은 새의 양날개 같은 존재다. 결국 자유와 평등을 상호 확대하는 방향으로 진보가 이루어질 때 민주주의는 풍요로워질 것이다.

소득재분배 정책처럼 적정한 평등을 추구하는 정책은 빈부격차나 양극화 문제를 넘어 가난한 자와 더불어 살기 위한 최소한의 사회 통합 성격을 띠고 있다. 가난한 자에게 희망을 주고, 정의를 만들어가는 것이다. 헌법재판소는 다음과 같이 판단하고 있다.

인간다운 생활을 할 권리로부터는 인간의 존엄에 상응하는 생활에 필요한 '최소한의 물질적인 생활'의 유지에 필요한 급부를 요구할 수 있는 구체적인 권리는 국가가 재정 형편 등 여러 가지 상황들을 종합적으로 감안하여 법률을 통하여 구체화할 때에 비로소 인정되는 법률적 권리다.*

헌법재판소 결정은 헌법의 규정만으로는 정부에 대해 인간다운 생활을 할 권리를 구체적으로 청구할 수 없으며, 법률에 근거가 있어야 청구 가능하다는 것을 밝히고 있다. 물론 법 앞의 실질적 평등이라고는 해도 구체적 평등 기준을 어떻게 정하는가는 사람의 시선과 신념에 따라 많이 다르다. 또한 재화는 한정되어 있고, 정치·경제·사회·문화 문제가 유기적으로 맞물려 있어 법률로 평등의 기준을 정하는 것 역시 매우 어려운 문제라는 사실도 주목해야 한다.

결국 자명하게 주어진 정답은 없다. 평등과 불평등의 차이는 모호함과 불확실함으로 가득하다. 정의와 부정의를 명확히 구분하기 어려운 때도 있다. 특히 주관적 판단 문제로 들어가면

* 헌법재판소 1995. 7. 21. 93헌가14.

더욱 어려워진다. 이 경우 자신의 판단만 옳고 정의롭다는 생각은 편견일 수 있다. 편견의 우물에서 빠져나올 수 있는 집단 지성이 필요하다. 무엇이 가장 정의로운 방법인지 지혜를 모아 '평등이라는 빈 잔에 최대한 정의로운 물을 채워 넣는 것'이다.

3장

을사늑약과
국제법·식민지법의 정체

1. 을사늑약과 국제법상 문명론

일제는 조선어학회가 독립운동을 목적으로 한 민족주의 단체라는 범죄 혐의를 들어 한글학자 이극로, 최현배, 이희승, 정인승 등 33명을 검거해 갖은 고문을 가하고, 치안유지법 위반으로 처벌했다. 일제 경찰의 고문에 의해 수사 도중 2명이 사망하기도 했다. 일제는 조선어학회를 강제 해산하고, 기관지 〈한글〉도 폐간시켰다.

이러한 조선어학회 사건 판결은 과연 법적으로 타당한 것이었는가. 당시 한글학자에게 치안유지법을 적용하는 것이 마땅한 조치였는가. 과연 이들은 유죄였는가. 조선어학회는 일제강점기 시절 한글맞춤법통일안, 조선어표준말모음, 외래어표기통일안을 공표하면서 오늘의 한글이 있게 한 주역*이다. 이들에 대한 탄압은 우리말과 글을 지키고 사용하는 활동 자체를 범죄시한 것인 만큼 당시 판결의 법적 타당성에 대해 검토해볼 필요가 있다.

식민지 지배에서 모든 법률의 법원法源(법이 생겨나는 근거)은 '조약'이다. 그 결과 조약이 무효이면, 이에 뿌리를 둔 개별 법률 역시 모두 효력을 잃는다. 논리 법칙에 따라 개별 법률은 효력 자체가 없으므로 악법 여부 등을 따질 필요 없이 조선어학회에 연루된 한글학자들의 유죄판결 자체가 무효가 된다. 식민지 시대 독립운동을 탄압하는 데 적용한 치안유지법, 보안법, 폭발물 취체벌칙 위반, 소요죄, 심지어 사기죄 등도 마찬가지로 모두 무효가 된다. 조약이 유효하다는 것을 전제로 모든 식민지 지배 법률이 만들어지고 적용되었기 때문이다.

즉 근대 한일관계 각종 조약이 유효인지 무효인지 여부에 따라 독립운동의 유·무죄가 결정된다. 일본군 위안부 피해자, 일제 강제 동원 피해자, 독도 문제의 뿌리도 모두 여기서부터 출발한다. 요컨대 이 문제는 100년도 더 된 묵은 과거의 사건이 아니고, 여전히 현재진행 중인 문제로 남아 있다.

한일관계 근대 조약의 유·무효 여부

조약의 유·무효 여부를 판단하는 것은 역사적 사실에 의거하

---

* 한글이 국가의 언어와 문자로 공식 인정받은 것은 식민지 해방 이후 60여 년이 경과한 2005년 1월 27일 자로 제정된 '국어기본법'을 통해서이다. 만시지탄의 법이었으나 공문서 외래어 표기 방법을 두고 위헌 소송이 제기되었고, 헌법재판소는 합헌으로 판단했다(헌법재판소 2012. 헌마854).

는 만큼 사실 여부가 중요한데, 1905년 한일 간에 맺은 조약에 대해서는 이미 많은 연구가 축적되어 있다. 그런 연구 결과를 통해 을사늑약乙巳勒約(원래 명칭은 '한일협상조약'이나, 을사년에 강제로 맺은 조약이라는 의미로 '을사늑약'이라 부른다)을 무효라고 보는 입장 및 근거는 널리 알려졌다.

당시 조약이 무효일 수밖에 없었던 근거는 여럿이다. 일본군이 기병·포병·보병 3만여 명을 경성에 배치해 궁궐을 몇 겹으로 포위하고, 회의장까지 무장 군인이 난입한 상태에서 위협과 강요에 의해 진행된 점, 고종이 을사늑약 한국 측 대표로 기재된 외무대신에게 조약문을 작성하고 서명할 권한 및 전권위임장을 부여한 사실이 없는 점, 고종의 서명도 옥새 날인한 사실이 없는 점 등이다.

을사늑약이 유효하다는 전제 아래 발생한 1910년 한일병합조약 역시 을사늑약이 무효이기 때문에 논리적으로는 법적 무효가 된다. 이 외에도 한일병합조약을 무효라고 보는 입장 및 근거는 일제 군대와 경찰이 위협과 강요를 한 점, 병합 '조약'은 조칙詔勅(임금이 백성에게 내리는 명령이나 널리 알릴 내용을 적은 문서)이 비준서의 의미를 갖는 것인데 조칙에 서명이 누락되어 있는 점 등이 제시되고 있다. 즉, 법적 관점에서 볼 때 한일병합조약은 형식 면에서 서명·날인 등 최소한의 요건을 갖추지 못했고, 실체적·내용적으로도 무력 강요에 의한 것이며, 한국의 의사에 따

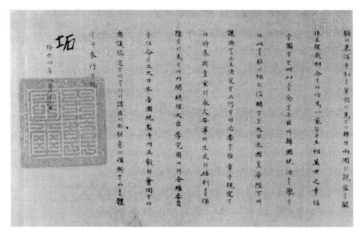

한일병합조약의 전권위임장. 관례와는 다르게 순종의 이름인 척坧이 서명에 들어갔으나 순종의 친필이 아니다.

르지 않은 것이므로 어느 모로 보나 무효이다.

한일병합조약이 무효라는 국내 입장에 대해 일본 정부는 처음에는 1910년 조약이 "법적으로 유효하고 정당했다"는 완강한 입장을 취했다. 그러다가 지금은 "법적으로 유효하지만 과거 식민지 지배에 의해 커다란 손해와 고통을 준 사실은 겸허하게 받아들인다"는 다소 완곡한 입장을 취하고 있다. 하지만 결국 "법적으로는 합법이고 유효했으므로 법적으로 책임질 이유가 없다"는 견해이다. 이들 논리처럼 식민 지배가 합법이라면 독립 운동 행위는 당연히 범죄이고, 유죄가 된다.

일본 정부뿐 아니라 19~20세기 모든 식민 제국주의가 식민지 지배를 합법이며 유효한 것이라고 판단한 국제법 사상과 법

이론의 뿌리에는 '문명론'이 도사리고 있다.

1910년 10월 3일 초대 조선총독 데라우치 미사다케는 취임 직후 관리들을 상대로 한 훈시에서 "이 암흑의 땅을 점차 문명으로 개도하여 조선민으로 하여금 만족할 수 있게 하는 것은 실로 매우 어려운 일이라고 생각한다"고 말했다. 근대 문명에 뒤떨어진 '암흑의 땅' 조선을 '밝은' 근대 문명의 세계로 인도한다는 데서 일본 제국주의가 조선에 세력을 팽창하는 정당성을 찾은 것이다.*

제3·5대 조선총독이었던 사이토 마코토는 1919년 9월 3일 '신시정방침'에서 "문화적 제도의 혁신에 의해 조선인을 유도하고 이끌어서 그들의 행복과 이익의 증진을 꾀하고 장차 문화의 발달과 민력의 충실에 맞추어 정치상, 사회상의 대우에 있어서도 내지인과 동일하게 취급할 수 있는 궁극의 목적을 달성할 것을 바라 마지않는다. …… 민생 민풍을 계발해서 문명적 정치의 기초를 확립하고자 하는 취지에 다름 아니다"고 말했다. 여기서 말하는 문화적 제도 또는 문명적 정치를 식민지에서 실시한다는 것은 바로 '문명화의 사명' 실현으로서 지배 이념을 표방한 것이라 할 수 있다.**

---

* 김동명, 〈일본 제국주의와 식민지 조선의 근대적 참정제도〉, 《국제정치논총》 42(3), 한국국제정치학회, 2002, 276쪽.
** 김동명, 같은 논문, 278쪽.

일제는 한국에 대한 식민 지배의 성격을 부인하기 위해 식민지라는 단어를 피하고, '신영토' 또는 '외지'라는 표현을 사용했다. '내지'는 일본을 의미한다. 위 글에서도 조선총독은 내지라는 단어를 사용하고 있다. 본질을 감추기 위한 용어의 장난이 아닐 수 없다.

문명의 사전적 의미는 '사회의 여러 가지 기술적·물질적 측면의 발전에 의해 이루어진 결과물'로, 사회와 역사 용어로 사용해왔다. 그런데 19세기부터 20세기 초·중반에 국제법학자들에 의해 국제법 용어로 이용되었고, 식민지 지배를 정당화하는 매우 중요한 법적 기준이 되었다. 당시 대다수 국제법학자는 국제법의 적용 범위를 이른바 '문명국가'로 제한했다. 즉 유럽과 미국 등 식민지를 갖고 있으면서, 문명국가라고 불리는 국가 사이에 적용되는 조약과 관습으로 한정했다.

일본의 국제관계 인식에 결정적 영향을 주었다는 요한 블룬츨리Johann Caspar Bluntschli의 저서 《공법회통公法會通》에서 "문명화된 민족들은 인류 공동의 법의식을 완성하도록 특별히 부름 받고 능력을 부여받았다. 그렇기 때문에 문명화된 국가들은 이제부터 이와 같은 숙제를 완수할 의무를 가진다. 그래서 또한 이들은 특별하게 국제법의 관리자이며 대표자들이 된다"고 적고 있다.*

따라서 문명국은 능력과 의무를 가진 특별한 국제법 관리자

이기 때문에 비문명국가를 무력으로 점령해 식민지로 만들고 그 과정에서 살육을 일삼아도 어쩔 수 없는 낭연한 일이니, 국제법을 위반한 것이 아니라는 논리이다. 즉 근대 국제법학자들 견해에 따르면 국제법이 적용되는 국가는 문명국가로 한정되고, 비문명국에는 적용되는 법이 아니다. 동시에 비문명국은 국제법 적용 대상이 아니므로 국제법학자들이 말하는 국제법상 권리도 주장할 수도 없다는 결론이 나온다.

근대 국제법학자는 아니지만 명저 《자유론On Liberty》을 통해 자유주의 양심을 설파했던 존 스튜어트 밀John Stuart Mill도 식민지 피지배 인민을 높은 문명 수준으로 이행할 수 있도록 통치하는 것은 정당하다고 밝혔다. 위대한 자유주의자가 제국주의를 옹호했다는 사실은 충격적이라고 하지 않을 수 없다. 밀의 문명론을 선의로 이해하고, 식민지 지배를 당연시하던 시대의 한계를 감안하더라도 아쉬운 점이다. 하기야 부의 평등한 분배를 주장한 카를 마르크스와 프리드리히 엥겔스마저도 아시아와 아프리카 사람들을 미개인, 야만인으로 불렀으니 더 말할 필요도 없다.

이렇게 서구를 중심으로 한 문명론이 식민 지배를 정당화하는 가운데 일제는 청일전쟁, 러일전쟁에서 승리한 후 포츠머스

---

* 김동주, 〈블룬츨리 《근대 국제법》 서문과 문명론적 국제법 관념〉, 《사회와 역사》 제117집, 한국사회사학회, 2018, 140쪽.

조약 등을 통해 국제사회에서 아시아 국가로는 드물게 문명국으로 인정받았다. 반면, 한국은 비문명국가로 간주해 일제가 식민지로 지배하는 것을 국제사회는 당연한 것으로 받아들였다.

그 결과 1907년 6월 네덜란드 헤이그에서 개최한 제2회 만국평화회의에 한국의 독립을 호소하기 위해 파견된 세 명의 밀사(이준, 이상설, 이위종)는 회의장에 들어가지도 못하고 공식적으로 발언할 기회를 차단당했다. 영일동맹이나 포츠머스조약 등의 결과, 이미 한국은 제국주의 국가 사이에서 '거래가 끝난 대상물'이었다. 이런 거래 관계로 얽힌 제국주의 국가들에 독립을 호소하는 것은 시대 흐름을 읽지 못한 무기력한 시도일 수밖에 없었다.

문명법으로 호도한 반문명 법리

식민지 지배가 과연 합법적인 것이었는지 여부에 대한 기존의 논의와 주장은 식민지 시대 당시의 국제법을 기준으로 이뤄졌다. 모든 행위에 대한 법적 판단은 행위 당시의 법을 기준으로 판단하는 것, 즉 행위시법주의가 법의 일반 원칙이기 때문이다.

그렇다면 식민지 시대 당시 세계 각국에 적용한 것처럼 이야기하는 국제법이 실제 '법으로서' 존재했는가. 결론적으로 말하면, 그러한 국제법상 실정법은 존재하지 않았다. 실정법이란 특정 국가나 사회에서 제정하거나 만들어 실질적 효력을 갖고 있는 법을 일컫는다. 오늘날에는 통상 입법기관인 국회 등에서 만든 법률, 법원 판례 등을 말한다.

공식적이고 권위적인 세계 기구 역시 식민 지배에 대해 그 무엇도 결정한 사실이 없다. 식민 지배가 국제법에 의한 것이라고 주장하는 논거는 몇 명의 국제법학자가 책에 기록한 생각과 견해뿐이다. 실정법이 없었음은 물론 국제관습법으로 통용되는 것도 없었다. 예컨대 당시 존재하던 헤이그육전조약*은 전쟁에서의 부상자, 민간인, 포로를 비롯해 인도적 임무를 수행하는 의무병, 적십자 등에 대한 보호를 그 내용으로 한다. 따라서 전쟁 등 무력을 통한 식민지 지배를 합법화하거나 정당성을 부여하는 국제조약이나 관습법은 아니다.

내용도 불분명하고 근거도 확인되지 않은 몇 줄의 국제법 서적 문구를 근거로 식민 지배의 합법성 여부를 판단하는 것은 법률상 허용될 수 없다. 한 민족과 국가의 운명을 통째로 날려버리는 엄청난 내용을 이토록 비과학적 방식으로 결론 낸다는 것 자체가 법적으로 도저히 용납할 수 없는 방법론이다.

설령 당시 국제법이나 국제관습법이 존재했다고 가정하더라도 마찬가지다. 그렇다면 국제법이 적용되는 '문명국'이라는 국가는 누가 정하며, 특정 국가를 문명국으로 인정하는 구체적 기

---

* 1899년 제1회 헤이그 만국평화회의에서 체결되고, 1907년 만국평화회의에서 개정됨.

준은 무엇인가? 그것은 바로 총과 대포로 무장한 군사력이었다. 강한 무력을 지닌 국가가 문명국가임을 자처했다. 일제가 청일전쟁과 러일전쟁에서 승리한 후 국제사회에서 문명국으로 인정받은 것처럼 살육을 하든, 정의를 짓밟든 싸움에서 이기는 강대국이면 곧 문명국이 되었다. '힘과 폭력의 논리'이다. 하지만 당시 세계 질서의 헤게모니를 쥐고 있던 영국, 프랑스, 독일, 미국 등 각 제국은 그나마 부끄러움은 아는지 공식적으로는 그런 주장을 하지 않았다.

또한 문명이라는 불분명한 표식만 남아 있지 구체적으로 문명국가와 비문명국가를 구분할 수 있는 명확한 기준도 전혀 존재하지 않았다. 문명국 여부를 판단할 수 있는 국제기구 또한 존재하지 않았다. 이렇게 구체적 기준도, 판단 주체도 존재하지 않는 조잡한 이분법적 문명론을 토대로 당시 국제법을 인정해야 한다고 주장하는 것은 독단과 자의가 아닐 수 없다. 일부 국제법 서적에서 거론하던 문명론은 미국과 서유럽을 중심으로 형성된 근대법에서 규정하는 자유, 평등, 억압으로부터의 해방, 국민주권에도 모두 위반된다. 제국주의 내에서는 근대 이념과 가치를 말하고 적용하면서, 제국 외에서는 이를 인정하지 않는 논리는 누가 보아도 동의할 수 없는 편의적 이중 논리임이 분명하다.

일제는 서구 제국주의 사슬에서 한국을 보호하고 아시아를 해방시키겠다고 공약했다. 그러나 일제의 한국 식민지 지배와 침략 전쟁은 서구 제국주의로부터의 보호가 아니라, 서구 제국주의를 대신해 자신들이 직접 식민 지배를 하겠다는 의미였음이 역사를 통해 명백히 드러났다. 그러면서도 조선총독은 문명론을 토대로 '동양 평화' '상호 행복 증진' '내선일체內鮮一體(내지, 즉 일제와 조선이 한 몸이라는 뜻)' 등의 미사여구를 전면에 내걸고 끊임없이 식민지 지배를 미화했다. 공식 문서를 통해 법과 권리, 문명이라는 단어로 도배를 했다. 식민 지배자의 위선이자, 문명의 이름을 걸고 문명에 가한 모독이었다.

문명이라는 이름 붙인 법의 실제 모습은 '식민지 야만족에 대한 학살법'이었다. 이는 한국뿐 아니라 숱한 식민지 피지배 국가에서 확인된 실증적 사실이다. 제국주의 국가들은 식민지 국가에서 일어난 저항을 학살로 진압했다. 일제는 조선 명성황후를 시해하고 약 10만 명에 이르는 동학농민혁명군을 학살했다. 프랑스는 알제리 정복 전쟁에서 알제리 인구 3분의 1에 해당하는 300만 명을 살육했다. 독일은 아프리카 나미비아 정복에서 약 10만 명의 사상자를 냈고, 미국은 필리핀 식민지화 과정에서 약 100만 명의 희생자를 냈다. 식민지 정복 전쟁이 제국주의 문명법의 시선으로는 모두 합법이었다. 문명을 인간 진보의 결과물이라고 본다면, 근대 국제법의 문명론은 인간 퇴보의 결과물이었다.

2. 일제 식민 지배법의 정체

한일관계 조약이 무효라 해서 일제가 일제강점기에 실제로 한국에 적용한 개별 법률을 살펴볼 필요가 없는 것은 아니다. 물론 뿌리가 중요하지만, 뿌리에서 나온 가지를 보는 것도 때로는 필요하기 때문이다. 식민지 지배에 동원된 각종 법률은 단순히 악법이라는 말로 뭉뚱그려 가볍게 볼 대상이 결코 아니다. 개별 법률을 볼 때 식민지 지배의 실체를 더 잘 알 수 있기 때문이다.

보통 법은 법률 전체를 포괄하는 의미로 사용하고, 법률은 전체 법의 일부를 이루는 개별적 법(예컨대, 치안유지법 등)을 지칭할 때 사용한다. 또한 법이라고 말할 때 실정법은 물론이고, 자연법까지 포괄하는 의미로 사용하는 경우도 있다. 이 책에서도 그와 같은 분류로 법과 법률을 가급적 분리해 사용한다.

식민 지배법의 핵심 원리는 천황 충성이다

먼저 일제 식민 지배법을 관통하는 법의 핵심 지배 원리는 무엇이었고, 지배 원리를 담보하는 법체계를 어떻게 구축해 시행했는지 살펴보자. 이 문제에 답하기 위해서는 우선 일제의 '대일본제국헌법'이 식민지 조선에도 적용되었는지 여부를 살펴보아야 한다. 그런데 이에 대해 일본 학자들 사이에는 견해가 대립되어 있고, 국내 학자들의 경우 일제 헌법이 식민지 조선에 적용되지 않았다는 의견이 대다수인 것으로 보인다.

일제 헌법이 식민지 조선에 적용되지 않았다는 가장 분명한 근거는 법률 제30호 '조선에 시행할 법령에 관한 건'이라고 판단한다. 일제는 1911년 3월 '조선에 시행할 법령에 관한 건'을 공포했고, 제1조에서 "조선에서 법률을 요하는 사항은 조선총독의 명령으로 할 수 있다"고 규정했다. 이 법률이 한일병합 관련 '조약' 이후 한국에 적용한 모든 식민 지배법의 모법母法이다.

위 법률에 따라 조선총독은 한국 식민 지배에 필요한 각종 법률을 제정할 수 있으며, 천황의 칙재勅裁(임금의 결재)만 받으면 이는 법률로써 효력을 갖게 된다. 조선총독은 일본 정부의 통제를 받지 않는다. 천황이 임명하며, 법률상 천황의 직례直隷(직접 지배)에 속한다. 따라서 조선총독은 오로지 천황에게만 책임을 지고, 입법·사법·행정(군대 통솔권 포함)에 대한 모든 전권을 행사하는 식민지 내 최고 권력자다.

만일 일제의 헌법이 식민지 조선에 적용되었다고 하면 일제 헌법에서 형식적으로나마 규정하고 있는 권력분립 원칙, 입법부의 입법 권한, 법치주의 원칙이 식민지 조선에도 그대로 적용되고 지켜졌어야 했다. 그러나 앞서 본 것처럼 조선총독이 입법·사법·행정 전권을 독점하며 지배한 사실만 보아도 일제 헌법이 조선에서 적용되지 않았다는 사실이 잘 드러난다.

일제가 일본 헌법이 식민지 조선에도 적용되는 것처럼 말한 것은* 식민지 지배와 그 잔혹성을 국제사회에 숨기려는 위선에 불과하다. 일제 헌법이 적용되면 식민지 조선 민족은 일본 국민이 되는 것이고, 일본 국민으로서 헌법이 보장하는 기본권을 보장받는 것은 너무나 당연하다.

일본 헌법이 조선에도 똑같이 적용되었다면 일제가 내지(일본)와 외지(식민지 조선)를 구분할 필요도, 내선일체라는 용어를 쓸 필요도 없었을 것이며, 조선총독이 마음대로 만든 법령으로 조선을 지배할 수도 없었을 터이다. 이런 사실이 함축하는 법적 의미는 매우 중요하다. 일제 식민 지배의 전체적인 법체계와 기본 원리가 무엇이냐에 대한 대답이기 때문이다. 쉽게 말하면 일제 헌법이 식민지 조선에 적용되지 않는다는 사실은 식민지 조선 민족은 일본 국민과 전혀 다른 사람이며, 국민으로서 누려야 마땅할 기본 권리를 가질 수 없다는 의미이다. '대일본제국헌법'이 근대법 이념인 자유, 평등, 억압으로부터 해방 등 핵심 요소를 제대로 갖춘 법이라고 할 수는 없지만 그나마 갖춘 알량한 기본권도 조선 민족에게는 인정되지 않았다는 뜻이다.

오로지 대일본제국헌법을 관통한 핵심은 '신성한 일본 천황'을 국가와 동일시하며, 절대적으로 숭배하고 복종해야 한다는 것이다. 천황의 뜻이 곧 법이다. 이것이 식민지 지배의 법 원리

---

* 김창록, 〈일본 제국주의 헌법사상과 식민지 조선〉, 《법사학연구》 14, 1993, 143쪽.

이고, 원칙이었다. 한마디로 식민지 조선 민족의 법적 지위는 일제 헌법 보호 대상이 아닌 천황의 노예라는 결론이다. '조선에 시행할 법령에 관한 건'은 조선을 법의 지배가 아닌 천황과 조선총독의 지배, 즉 사람에 의한 지배를 노골적으로 표명한 법률이다. 법치주의가 아니라 인치주의를 공표하고, 권력분립의 기본 원칙도 무시한 법령이다.

법학자인 이재승 건국대학교 교수는 조선총독에게 독자적 입법권인 제령制令 제정권을 부여한 법률 제30호는 실제로 그 성격과 구조가 나치 독일의 수권법授權法과 유사하며, 조선총독은 입법·사법·행정 삼권을 행사하는 절대자이고, 천황에게만 책임지는 소천황이라 지적한다.** 나치 수권법의 정식 법률 명칭은 '민족과 국가의 위난을 제거하기 위한 법률'이며, 이 법률은 히틀러 정부가 헌법에 어긋나는 법률까지도 임의로 제정할 수 있다고 규정했다.

식민 지배 탄압 도구로 악용한 주요 법령

일제는 근대사회의 특징적 요소 중 하나인 법을 최대한 악용했다. 근대법의 핵심에 해당하는 자유·평등 보장 등과는 무관하게 오로지 식민 지배에 필요한 법령을 조선총독 명령으로

***

** 이재승, 〈식민주의와 법학〉, 《민주법학》 제45호, 민주주의법학연구회, 2011, 31쪽.

식민지 조선에 강제 주입했다. 대표 법률을 검토해보면 다음과 같다.

일제는 고종 황제 강제 퇴위와 군대 해산 등으로 대한제국의 국권을 강제로 빼앗으면서 이에 분노한 조선 민족의 저항을 탄압하기 위해 을사늑약 매국노 이완용 명의로 법률 제1호 '신문지법'(1906년), 제2호 '보안법'(1907년)을 만들어 시행했다.

'신문지법'은 신문 발행 허가제, 사전 검열제, 안녕질서 등에 위배되는 경우 발매 금지 및 정지와 형사처벌을 할 수 있는 내용으로 조선 민족과 언론의 입을 틀어막기 위한 법이었다. 일본의 치안경찰법을 모방한 '보안법'은 결사 집회 또는 군중에 대한 제한 및 금지 해산, 안녕질서를 문란케 할 언동 금지 등을 주요 내용으로 한다. 1919년 3·1운동에서 독립 만세를 부르짖은 독립운동가들은 대다수 보안법에 의해 처벌받았다.

일제는 나라 이름도 대한제국에서 조선으로 바꾸고, 통감을 조선총독으로 변경하는 한편, 헌병이 치안 유지에 관한 경찰 및 군사경찰의 업무를 담당하게 했다. 1912년 '조선민사령朝鮮民事令'과 '조선형사령朝鮮刑事令'을 전면적으로 시행함으로써 조선 민족은 민사, 형사 전반에 걸친 모든 삶의 영역에서 일제의 지배를 받게 된다.

1912년 시행한 '경찰범처벌규칙'*은 무려 87개 항에 걸친 행위 유형을 처벌 대상으로 밝혔다. 생업 없이 배회한 자, 만취 배회한 자, 함부로 우마를 매어둔 자, 굴뚝 청소를 소홀히 한 자, 결빙기 도로에 살수한 자 능 한마디로 서의 모든 일상생활이 저촉될 수 있는 규칙이었다. 오로지 일제의 명령에 복종해야만 하고, 그 어떠한 자유 행위도 용납하지 않는 내용으로 구성되어 있었다.

또한 일제는 1912년 '조선태형령朝鮮笞刑令'을 시행한다. 3개월 이하의 징역 또는 구류에 해당하는 사안이나 100원 이하의 벌금 또는 과료에 처할 사안 등의 경우, 징역이나 구류 같은 자유형이나 벌금형을 내리는 대신 경찰서장이 태형을 가할 수 있다는 법령이다. 태형은 죄인을 형틀에 묶고 바지를 벗겨 엉덩이를 드러내놓은 채 때리는 형벌이다. 법령의 이름에서도 알 수 있듯 그 적용 대상은 16세 이상 60세 이하의 조선인 남자로 한정되었다. 조선 민족만을 대상으로 이런 수치스러운 형을 가한 것이다.

조선총독부 경무총감부 경부 다구치 하루지로田口春二郎는 "조선인에게 태형을 인정하는 이유는 문명의 정도에서 볼 때 단기 자유형 또는 벌금에 처하는 것보다 효과가 크고, 범죄에 과하는 제재로써 극히 간편해 환형換刑함을 인정하기 때문"이라고 설명했다. 즉, 문명화되지 않은 야만스러운 민족이니 매를

---

* 1954년 법이 폐지되었고, 유사한 내용으로 '경범죄처벌법'이 다시 제정되었다.

맞아야 한다는 논리였다.

1912~1916년에 자유형이나 재산형 대신 태형을 시행한 비율이 전체 건수의 40%를 넘는다. 실제 사례들을 보면 도박, 국유림에 들어가 한 묶음의 솔가지를 줍거나 한 움큼의 솔잎새를 긁는 행위, 익지 않은 감을 판 행위, 거주지 근처가 청결하지 못한 것, 생산적인 직업에 종사하지 않은 부랑하고 걸식하는 행위에 태형을 가했다. 일상의 감시자로서 경찰 권력의 시선은 사회 곳곳에 미쳤고, 권력의 손에는 늘 회초리가 들려 있었다.*

1919년 3·1운동이 일어난 후 일제는 문화정치를 표방하며 1920년 조선태형령을 폐지하고 헌병 경찰을 일반 경찰로 대체하면서 1925년 법률 제46호로 치안유지법을 시행했다. 치안유지법은 "국체國體를 변혁하거나 사유재산제도를 부인하는 것을 목적으로 결사를 조직하거나 가입한 자는 10년 이하의 징역 또는 금고에 처하고(제1조), 이를 목적으로 소요 폭행 및 기타 생명 신체 재산상 위해한 범죄를 선동한 자는 10년 이하의 징역 또는 금고에 처하는(제4조)" 내용 등으로 구성되어 있다.

조선고등법원은 독립운동이 국체 변혁에 해당하는지에 대해 "조선의 독립은 제국 영토의 참절이므로 통치권 내용의 축소를 뜻하며, 따라서 국체 변혁에 해당한다"고 판결했다. 참절僭竊이

---

* 염복규, 〈1910년대 일제의 태형제도 시행과 운용〉, 《역사와 현실》 53, 한국역사연구회, 2004, 204·211~212쪽.

란 국토의 일부 또는 전부를 함부로 차지해 주권을 빼앗으려는 행위를 의미한다. 즉 치안유지법은 항일 독립운동을 일제의 국체인 천황제를 부정하거나 변혁하려는 행위로 보고 이들을 처벌할 목적으로 만든 법이다. 치안유지법은 천황에게 무조건 충성을 강요하는 '천황충성법'이었다. 해방 이후 일본에서는 치안유지법이 폐지되었으나, 정작 한국에서는 해방 이후에도 국가보안법으로 살아남았다.

나아가 일제는 1936년 '조선사상범보호관찰령'을 시행했는데, 이는 치안유지법을 어긴 자에 대해 형의 집행유예를 선고받거나 공소 제기를 하지 않은 경우, 형 집행을 마쳤거나 가출옥한 경우 등에 사상 및 행동을 관찰한다는 내용이다. 누구든지 마음만 먹으면 감시할 수 있는 근거였다. 그렇게 해서 1928년부터 1936년 10월까지 치안유지법 위반으로 검거된 이는 1만 6,000명이 넘었고, 그 가운데 보호관찰 대상자는 6,383명에 달했다.[**]

그 외에도 많은 악법이 존재했다. 민족말살정책으로 '조선교육령'을 통해 일본어를 강제 교육하고, 충직한 황국신민皇國臣民을 만들려 했다. 조선민사령을 통해 호주戶主 제도를 만들어 가족이 호주에게 복종하는 질서 체제를 구축함으로써 궁극적으

[**] 홍종욱, 〈치안유지법과 독립운동〉, 《내일을 여는 역사》 70, 민족문제연구소, 2018, 101·103쪽.

제1부 역사의 법정에서   **85**

로 천황의 시조를 각 집안의 조상으로 상정하고자 했고,* 최후
에는 일본식 창씨개명을 강요했다.

그럼에도 일본 문부성은 역사 교과서를 심사하면서 한국 침
략을 '조선 진출'로, 3·1운동을 '3·1 폭동'으로, 한글 사용 금지
를 '조선어·일본어 공용 사용'으로, 창씨개명 강요를 '권장'으
로 쓰도록 교과서 필진에게 압력을 넣었다.

근대 법치주의는 존재하지 않는다

일제 식민지 강점 시대에도 어찌 되었건 법률은 존재했고, 그
법률을 통해 지배를 했으니 근대 법치주의가 실시된 것 아니냐
고 생각하는 사람도 있을지 모른다. 그러나 결코 그렇게 말할
수 없다. 앞서 언급한 것처럼 식민지 조선 지배는 '조선에 시행
할 법령에 관한 건'에 근거해 천황과 천황을 대신한 조선총독이
지배한 것으로, 법의 지배가 아니라 '사람에 의한 지배'였다. 한
민족 의사에 기반해 법률이 만들어진 것이 아니기에 법치주의
기본 요건 역시 전혀 충족하지 못한다.

정당성과 정의를 배제하고는 법치주의를 생각하기 어렵다. 법

---

* 호주 제도는 2005년에 이르러야 헌법재판소에서 위헌으로 판단했다. 즉 "호주 제도는 남
　계혈통 중심의 권위주의적인 제도로 정당한 이유 없이 남녀를 차별하는 제도이고, 개인을
　가족 내에서 존엄한 인격체로 존중하는 것이 아니라 가의 유지와 계승을 위한 도구적 존재
　로 취급하여 개인과 가족의 자율적 결정권을 침해하여 위헌"이라고 판시했다(헌법재판소
　2005. 2. 3. 2001헌가9 등).

에는 '형식적 법치주의'와 '실질적 법치주의'가 있다. 전자는 내용이 어떠하든 국회에서 설차를 거쳐 만든 법을 집행하는 것이며, 후자는 법의 실질적 내용을 고려한 것이다. 근대 혁명을 통해 전 세계로 전파된 자유·평등과 억압으로부터의 해방 같은 내용을 담보하지 않은 법 지배는 실질적 법치주의라고 할 수 없다.

일제 식민지 지배법에는 근대법의 핵심 가치가 모두 배제된 폭력과 억압의 법으로써 형식적 외관만 법 형태를 갖춘 것이었다. 식민 지배법은 한민족을 천황의 노예로 만들기 위한 수단이었고, 조선총독부는 식민지 지배를 위한 거대한 범죄 집단이었다. 각 개별 법률들은 조선총독부의 원활한 식민지 지배를 위한 도구에 불과했다. 만일 형식적인 법률의 존재 및 그 법률에 의한 지배를 모두 법치주의라고 정의한다면 전제군주 시대나 나치 지배의 전체주의 사회까지도 법치주의가 지배했다는 궤변이 가능해진다. 따라서 단순히 형식적 법률만 갖춘 지배나 통치는 법치주의라고 할 수가 없다.

일제강점기 한반도에 적용된 식민지 법은 일제 천황에 대한 절대적 복종 원리에 부합하는 법을 중심으로 만들고 적용했기 때문에 오히려 근대 법치주의를 처참하게 파괴한 사례에 해당한다. 오늘날까지 우리 사회의 법치주의 왜곡을 만들어낸 최초의 진원지라고 보는 것이 타당하다.

법을 집행하는 과정도 마찬가지였다. 일제 천황이 절대적 권력을 갖고 오로지 천황에게만 복속된 조선총독이 '조선총독부 재판소령' 등에 근거해 사법권을 휘둘렀기 때문에 근대 사법 체계가 정상적이고 정당하게 작동할 수 없었다. 일제강점기 판사는 일제 행정 관서 공무원과 동일한 지위로, 오늘날의 사법부 독립성이 보장되는 신분과는 전혀 다른 것이었다. 사법 체계도 총독이 임명하는 판사·검사에 의해 식민 지배에 필요한 범위 내에서만 작동했다. 식민지 조선의 판사·검사는 '일제 천황과 총독의 대리인' 신분이었다. 이런 사법 체계에서 사법부 독립성이란 처음부터 존재할 여지가 없었고, 이를 기대하는 것조차 어리석은 연목구어緣木求魚일 뿐이었다.

전체적으로 식민지 법은 노예법이므로 악법이라 지칭하는 것만으로는 부족하고, 법의 본질인 정의를 부정하므로 법이라 부르기도 어렵다. 식민지 법은 한반도와 한반도에 존재하는 모든 사람과 물건의 존재 자체를 부정하는 '저주의 주술법'이었다. 식민지 법을 부정하는 것은 아직도 가해자 논리를 굽히지 않은 일제와 일본의 식민지 저주를 부정하는 것과 똑같다.

4장

3·1운동과
민족의 조국을 가질 권리

아직은 '민족'의 법을 버릴 때가 아니다 | 식민 제국주의 법질서를 뚫고 나온
3·1운동 | 조국을 가질 권리가 민주공화국 헌법으로 일어서다

1. 아직은 '민족'의 법을 버릴 때가 아니다

세계화 시대, 다문화 시대에 민족을 운운하면 시대에 뒤떨어지고 고리타분하다며 고개를 젓는 사람이 있을 것이다. 하지만 자칫 진부하다고 생각할 수 있는 이 '민족'이라는 단어는 현재 대한민국의 법률 용어로 사용되고 있다. 그렇다면 우리 헌법과 법률에는 과연 민족이 어떻게 규정되어 있으며, 어떤 의미로 사용하고 있을까?

민족의 법, 국민의 법

1919년 4월 11일 대한민국임시정부는 법령 제1호로 '대한민국임시헌장'을 제정·시행했는데, 선서문(오늘날 헌법 전문에 해당함)에서 "민국 원년 삼월 일일 아 대한민족이 독립 선언함"이라고 규정했다. 이후 임시정부 헌법은 다섯 차례 개정을 거쳤는데, 1944년 4월 22일 법령 제6호로 마지막 개정된 대한민국임시헌장 제3조에서 "대한민국 인민은 원칙상 한국 민족으로 함"이라고 규정했다.

이어 해방 후 1948년 7월 17일 제정·시행된 제헌헌법 전문에서도 "대한국민은 기미 삼일운동으로 대한민국을 건립하여 세계에 선포한 위대한 독립 정신을 계승하여 이제 민주 독립 국가를 재건함에 있어서 정의 인도와 동포애로써 민족의 단결을 공고히 하며"라고 규정했다. 현행 대한민국헌법 전문에 역시 "정의·인도와 동포애로써 민족의 단결을 공고히 하고"라고 쓰여 있고, 제9조와 제69조에서 "국가와 대통령의 민족문화 창달 노력"을 규정하고 있다. 이러한 헌법 규정을 볼 때 민족이란 단어는 헌법에서 사용하는 '규범화된 법률 용어'라 할 수 있다.

한편 헌법은 민족이라는 용어 외에 국민이라는 개념을 별도로 구분해 사용하고 있다. 헌법은 국민을 국가 구성 인적 요소로 파악해 국민이 헌법 제정·개정의 주체이고, 모든 권력은 국민으로부터 나온다는 국민주권주의를 명백히 하고 있다.

헌법이 민족과 국민을 구분하는 이유는 하나의 민족이 한 개의 국가를 구성할 수도 있으나, 하나의 민족이 여러 국가를 만들 수도 있고, 여러 민족이 모여 하나의 국가를 이루는 경우도 있기 때문이다. 우리 민족도 역사상 오랜 시간 동안 하나의 국가를 이루고 있었으나, 해방 후 대한민국과 조선민주주의인민공화국이라는 두 개의 국가로 분단되었다.

민족 의사와는 무관하게 이루어진 분단과 이의 고착화로 민족 동질성은 훼손되었고, 남북 간 불신과 대립의 골이 깊어지고 있다. 하지만 적어도 남과 북의 헌법은 민족이 분단된 한반도에서 통일의 다리를 위태롭게나마 이어주고자 하는 의지와 목표를 드러내고 있다. 대한민국헌법 전문은 앞서 본 것처럼 민족공동체의 분열과 국토 분단 상황에서 민족의 단결을 공고히 한다고 선언하고, 대통령에게 조국의 평화적 통일을 위한 의무를 부여(현행 헌법 제66조)하는 등 하나의 통일국가를 지향하고 있다. 조선민주주의인민공화국 사회주의 헌법 서문에도 "통일은 민족 지상 과업"이고 "조국 통일 운동을 전 민족적인 운동으로 발전시켜온 민족의 단합된 힘으로 조국 통일 위업을 성취"하자는 내용이 규정되어 있다.*

민족은 일정한 지역을 기초로 동일한 혈통과 언어, 문화, 역사를 공유하는 정치적 공동체를 이른다. 그렇다면 본래 자연적·사회적·역사적 개념의 민족이라는 용어가 어떻게 법의 영역으로 들어오게 되었으며, 민족 개념은 어떻게 형성되었는가?

박찬승 한양대학교 사학과 교수는 민족 개념에 대해 다음과 같은 연구 결과를 발표했다. "조선시대 민족과 비슷한 뜻으로

---

* 대한민국헌법은 전문에 헌법 제정과 개정에 대한 역사, 국가 이념과 원리 등을 규정하고 있다. 그러나 조선민주주의인민공화국 사회주의 헌법 전문은 김일성·김정일의 사상과 위업을 규정하고 있으며, 조국 통일 노력도 김일성 위업으로 보고 있다.

족류族類라는 용어를 사용했으며, 족류는 여진족이나 왜족을 구분하는 개념이었다. 1906년 이후 민족이라는 말이 등장하는데 당시는 민족보다 많이 쓰인 용어가 국민이었다. 1907년 고종 양위 이후 대한제국이 해체되어가면서 국권 회복과 신국가 건설의 주체로 새로 떠오른 개념이 민족이었다. 국가가 없는 상황에서도 민족은 살아남을 수 있고, 국권 회복 운동의 주체가 될 수 있다는 생각에서였고, 식민지 시기 내내 민족주의자들은 민족을 독립운동의 주체, 새로운 국가 건설의 주체로 설정했다."*

국가 구성원을 뜻하는 국민은 국가가 없는 상태에서 존재할 수 없다. 따라서 일제 식민지 강점 시대 지배가 법적으로 무효라는 것과는 별개로 대한제국이 사라지자 법 개념상 국민은 존재하지 않았고, 존재할 수 없는 상태였다. 국민이 사실상 존재할 수 없는 상황에서 민족은 잃어버린 국가와 되찾아야 할 국가를 상정하는 당위적 주체 개념이었고, 일제 침략과 지배에 저항하는 실체로서 잃어버린 국가를 되찾겠다고 믿고 있던 '미래의 준비된 국민'이었다.

이 민족 개념은 1910년 나라를 잃기 전후부터 시작된 의병 전쟁, 독립 투쟁, 3·1운동과 임시정부 수립, 학생운동, 농민운동, 노동운동 등에서 국민을 실체적으로 대체하는 개념으로, 구

* 박찬승, 〈한국에서의 '민족' 개념의 형성〉, 《개념과 소통》 창간호, 한림대학교 한림과학원, 2008.

체적인 독립운동의 주체라는 의미로 충실히 사용되고 작동되었다. 그리고 앞서 살펴본 것처럼 대한민국임시헌장부터 헌법에 명기되어 오늘날 '국민'의 존재로 이어졌다.

이렇듯 나라는 없어졌어도 국민은 독립 투쟁을 통해 민족이라는 이름과 혼으로 살아 있었고, 1948년 제헌헌법 이래 모든 헌법은 민족의 존재를 재확인하고 있다. 해방 이후 헌법에 민족이 명문화되고, 민족의 단결을 호소한 것은 피눈물 나는 독립 투쟁의 역사, 분단의 역사, 유구한 역사에 비추어 자연스러운 실체의 반영이었다. 민족은 단순한 감정이나 이념적 구호로만 존재한 것이 아니었으며, 현재도 마찬가지이다.

천의 얼굴을 지닌 민족주의

일제강점기 우리 민족의 독립 투쟁은 민족운동의 순기능에 해당하지만, 세계 역사에서 민족주의가 엄청난 재앙을 초래하는 역기능을 한 것도 엄연한 사실이다. 부정적 의미의 민족주의가 법과 결합했을 때 그 폐해는 더욱 커진다.

우선, 민족과 민족주의의 차이를 살펴볼 필요가 있다. 민족이 생물학적·사회적·역사적 개념에서 나온 실체적 존재라면, 민족주의는 민족 위에 덧붙은 이념 혹은 이데올로기에 해당한다. 따라서 민족 단위에 존재하는 이념이 무엇이냐에 따라 민족주의는 다양한 형태로 나타날 수밖에 없다. 민족이 자유주의, 사회주의, 공산주의, 자본주의, 제국주의, 심지어 파시즘 등 어떤 이념과도 결합할 수 있다는 것은 역사로 증명된 사실이다. 민족주의는 '두 얼굴'을 지녔다는 표현만으로는 부족하며, 이념의 색깔에 따라 '천의 얼굴'로 바꾸는 카멜레온과 같다.

분단된 한반도의 남과 북도 동일 민족이지만, 민족주의는 서로 다르다. 남과 북의 서로 다른 체제는 곧 서로 다른 민족주의의 얼굴이기도 하다. 특히 1950년의 한국전쟁으로 민족주의는 대립과 갈등의 근본 원인이 되어버렸다.

나치 독일은 범게르만 민족주의에 인종 배제 이념을 덧붙여 600여만 명의 유대인을 의료 실험, 안락사, 가스 처형 등으로 대학살하는 만행을 저질렀다. 나치 독일은 게르만 민족의 우수한 혈통을 지키고 독일의 피를 정화한다는 명목으로 '유전적 질환 자손 예방법'을 만들어 강제 불임수술을 시키고, 유대인 말살을 목적으로 '뉘른베르크 인종법'을 만들어 유대인과의 결혼·성교 등을 금지했으며, 이를 어길 경우 시민권을 박탈했다. 세계 최초로 '동물보호법'을 제정해 독일 혈통의 개를 보존·번식시키기도 했다. 범게르만 민족주의는 결국 침략 전쟁을 정당화하는 논리로 개발 및 확장되었고, 민족 공동체라는 집단 이기주의의 극단적 형태로 나타났다. 극단적 민족주의를 뒷받침하는 이데올로기 역시 법으로 강화되었다.

민족이나 국가를 인격화하고 절대화하는 순간, 극단적 파시

즘으로 변모할 수 있다는 것은 제1·2차 세계대전이 웅변적으로 보여준 역사적 사실이거니와, 현재도 여전히 유효한 역사의 교훈이다. 따라서 그 위험성을 늘 경계해야 하는 것은 너무나 당연한 일이다.

한편 대한민국에서의 민족과 민족주의 현주소는 다소 특이하다. 민족주의는 출발점과 이행 과정을 볼 때 국가와 민족의 존립에 관한 문제여서 보수주의자들이 제일 먼저 챙기고 지키는 게 자연스러운 이념이다. 그런데 희한하게도 대한민국에서는 보수주의자들이 민족주의를 적대시하거나 반대하고, 심지어 뉴라이트 등 일부 보수 단체와 지식인은 "민족은 상상되었다"*는 주장까지 펼치고 있다.

물론 맹목적 민족주의와 민족국가가 다른 민족과 민족국가를 파괴하고, 억압으로 악용될 위험성에 대해 끊임없이 경고하는 것은 필요한 일이다. 그런 점에서 민족과 민족주의에 대한 집착에 거부감을 느끼는 것도 이해할 수 있다. 그러나 민족과 민족주의에 대한 대한민국 일부 보수의 적대적 입장은 이런 차원과는 다른 주장이다.

민족이 상상의 공동체라는 주장은 최소한 신라의 삼국통일

---

* 베네딕트 앤더슨Benedict Anderson의 저서 《상상된 공동체Imagined Communities》에서 나온 말인데, 뉴라이트 이영훈 등이 "민족이란 20세기 들어와 조선인이 일제 식민지 억압을 받으면서 발견한 상상의 정치적 공동체"라고 주장하고 있다.

이후부터 1,000년 넘은 세월에 걸쳐 한반도에서 동일한 언어와 혈통, 문화, 역사를 함께한 정치적 공동체로 존재해온 민족의 실체를 부정하는 것이다. 엄연한 객관적 사실에 반하는 주장이다. 아무리 뛰어난 이론으로 포장한다 하더라도, 역사적·사회적으로 존재하는 명백한 사실을 부정하는 주장은 허무맹랑한 것이다. 주장의 진의와 악의성이 의심스러울 뿐이다.

게다가 앞서 서술했듯 민족은 대한민국임시정부 헌법부터 시작해 현재의 헌법에 이르기까지 줄곧 헌법이 명시하는 헌법 가치와 헌법 이념이다. 따라서 법률가의 입장에서 볼 때 민족을 부정하는 것은 헌법 가치를 부정하는 것으로, 수용하기 어려운 반헌법적 견해라고 하지 않을 수 없다.

한편 많은 학자는 민족주의가 사회적·정치적으로 중요성을 갖는 이유로 민족과 국가 사이에 밀접한 연계를 꼽는다. 민족과 국가를 일치시키려는 운동을 민족주의의 핵심이라고 보는 것이다. 이러한 학자들의 견해는 두 동강 난 한반도에서 민족과 국가를 일치시키려는 민족 통일의 바람과 열정을 충분히 설명해준다.

미국·오스트레일리아·캐나다 등 다민족 구성원으로 이루어진 국가가 훌륭하게 기능하는 경우도 있지만, 민족 단위와 국가 단위가 불일치해서 비극을 겪는 나라도 많다. 약 3,500여만 명의 쿠르드족은 단일국가를 이루지 못한 채 터키·이라크·이란

· 시리아 등지에 흩어져 살고 있고, 아일랜드는 남북으로 갈라져 영국으로부터 완전한 독립과 통일을 목표로 투쟁을 계속하고 있다. 그리고 현재의 분단된 우리 민족이 그러하다.

물론 선의의 숭고한 신념에서 민족을 넘어선 세계 시민주의를 말하는 사람도 있다. 하지만 세계가 아무리 진보한다고 하더라도 전 지구 차원의 유일한 세계국가가 만들어지고, 민족 단위 국가가 소멸하는 세계시민사회가 조만간 도래할 것으로 보이지는 않는다. '민족' '민족국가'라는 말에 설혹 거부감이 든다 해도 아직은 민족을 버릴 때가 아니다.

2. 식민 제국주의 법질서를 뚫고 나온 3·1운동

한국사에서 3·1운동만큼 많이 연구한 분야가 없으며, 3·1운동만큼 앞으로도 많이 연구해야 할 분야가 없다고 역사학계는 말한다. 반면 법조계에서는 3·1운동에 대해 상대적으로 관심이 거의 없다. 하지만 법적 측면에서 보았을 때 3·1운동이 과연 얼마나 민족 대표성을 가졌으며, 우리 헌법에서 어떤 의미로 자리매김했는지 등은 깊이 있게 다뤄야 할 문제이다.

우선 대표성 문제부터 살펴보자. 1919년 3월 1일 한용운 등 33인은 민족 대표 명의로 3·1 독립선언서를 발표했다. 그런데 이들 33인은 백성들로부터 민족 대표로서 명시적으로 위임과 동의를 받은 사실이 없었다. 이 점은 법적 관점에서 볼 때 치명적 결함으로 지적될 수도 있다. 하지만 당시는 선거나 투표같이 위임 또는 동의를 받는 민주적 적법절차 제도가 없었고, 그런 제도가 있었다 해도 식민지 지배에서 위임이나 동의를 받는 것은 불가능한 일이었다. 따라서 오늘날의 법과 제도를 기준으로 삼아 이들이 민족을 대표할 만한 정당성이나 권한이 없는 사람들이었다고 할 수는 없다.

비록 위임과 동의 절차는 없었지만 결과를 놓고 보면 3·1운동은 역사의 물줄기를 바꾸었다. 당시 2,000만 인구를 헤아렸던 조선에서 10분의 1이 넘는 200만 명이 넘는 사람들이 운동에 참여했다. 당시 인구와 대가족제도를 생각하면 한 가족당 한 명은 참석했다고 볼 수 있다.

3·1운동은 이후 대한민국임시정부 활동으로 정통성을 이어 갔으며 해방 후 대한민국헌법에까지 3·1운동 정신이 명시되었으니 법적으로 그 대표성과 정당성은 사후 승인을 받은 것으로 해석해도 무리가 없다고 판단된다.

3·1운동에 대한 헌법의 시선

그렇다면 우리 헌법에 3·1운동 정신이 어떻게 반영되어 있을까? 앞서 살펴보았듯 1919년 제정된 대한민국임시정부 대한민국임시헌장의 선서문에서부터 "민국 원년 삼월 일일 아 대한민족이 독립 선언함"이라고 밝힘으로써 3·1운동이 대한민국의 독립운동 시작이자 대한민국임시정부의 출발임을 규정했다.

1944년 개정한 대한민국임시헌장 전문에서도 "3·1 대혁명에 이르러 전 민족의 요구와 시대의 추향에 순응하여 정치, 경제, 문화, 기타 일체의 제도에 자유, 평등 및 진보를 기본 정신으로 한 새로운 대한민국과 임시의정원과 임시정부가 건립되었고 아울러 임시헌장이 제정되었다"고 분명히 밝혔다.

일제강점으로부터 해방된 후 대한민국헌법은 제헌헌법부터 총 아홉 차례의 개정이 이루어졌는데, 아홉 차례에 걸쳐 모든 헌법은 3·1운동을 헌법 전문에서 규정하고 있다. 그중 제헌헌법과 현행 헌법만을 살펴보면 다음과 같다.

1948년 7월 17일 제정·시행한 대한민국헌법*은 전문에서 "유구한 역사와 전통에 빛나는 우리들 대한국민은 기미 삼일운동으로 대한민국을 건립하여"라고 밝혔고, 현행 대한민국헌법은 전문에서 "유구한 역사와 전통에 빛나는 우리 대한국민은 3·1운동으로 건립된 대한민국임시정부"라고 명시하고 있다.

헌법이 반드시 국민에게 기억해줄 것을 요구하고 있는 역사적 사건이 바로 3·1운동인 것이다. 법적으로 해석하면 헌법 제

---

* 이하 개정된 대한민국헌법과 구분하기 위해 '제헌헌법'으로 약칭한다.

정·개정 권력 주체인 국민이 3·1운동을 근현대사의 가장 소중한 헌법 가치로 인정한다는 의미이다.

3·1운동과 조국을 가질 권리

3·1운동이 보여준 헌법 가치는 3·1 독립선언의 핵심인 '조선이 독립국이며, 조선인이 자주민, 즉 나라의 주인'이라는 내용이다. 한국은 일제의 식민지가 아니며, 한국인은 일제의 노예가 아니며, 민족의 주권, 즉 국가의사를 최종적으로 결정하는 권력이라는 선언이다. 독립 만세 시위와 함께 동맹휴학, 동맹철시, 동맹파업 등 다양한 형태의 저항이 이어졌다. 이 비폭력적 만세 운동은 일제의 무력으로 진압되었고, 그 과정에서 사망자가 7,509명 발생했으며, 감옥에서 고문당하고 채찍을 맞은 사람이 4만 7,000명에 이르렀다.

　3·1운동은 일차적으로는 독립국가를 열망한 것이었으나, 독립국가를 통해 궁극적으로 얻고자 한 것은 자유·평등·정의였다. 이는 3·1 독립선언서에서 명시하고 있는 내용이다. '3·1운동 및 대한민국임시정부 수립 100주년 기념사업추진위원회'가 우리말로 풀어 쓴 3·1 독립선언서에는 "우리는 오늘 조선이 독립한 나라이며, 조선인이 이 나라의 주인임을 선언한다. 우리는 이를 세계 모든 나라에 알려 인류가 모두 평등하다는 큰 뜻을 분명히 하고, 우리 후손이 민족 스스로 살아갈 정당한 권리를

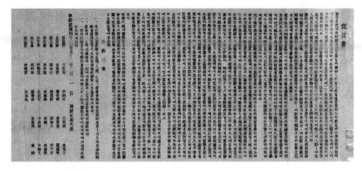

3·1 독립선언서 원문.

영원히 누리게 할 것"이라며, "오늘 우리의 독립선언은 정의, 인
도, 생존, 존영을 위한 민족의 요구이니 오직 자유로운 정신을
드날릴 것"이라고 밝히고 있다.

　3·1 독립선언은 프랑스혁명에서의 '테니스 코트(국민의회)의
서약'*과 유사한 민족의 맹세이고, 미래 국가의 부름이었다. 3·1
독립선언서는 미국이 영국의 식민 지배로부터 해방되고자 발표
한 독립선언서같이 근대 혁명 이념의 표출이었다. 3·1 독립선
언은 새로운 국가를 열망하고 출범을 알리는 장엄한 투쟁의 서
사시였다. 누구도 가보지 않은 길, 누구도 보지 못한 미래의 국
가를 우리 앞으로 불러내는 생명의 다짐이었다. 3·1운동을 기
점으로 자주독립국가를 세우기 위한 독립운동이 본격화되면서

---

* 프랑스 삼부회의 제3신분(평민)은 왕을 무시하고 테니스 코트에서 회합을 갖고 새로운 헌법
　이 제정될 때까지 흩어지지 않기로 서약했다.

법적으로 '조국을 가질 권리'를 실현해나가기 시작했다.

3·1운동과 민족자결주의

3·1 독립선언서를 통해 조국을 가질 권리를 주장한 데는 미국 우드로 윌슨 대통령과 러시아혁명을 일으킨 블라드미르 레닌의 민족자결주의가 영향을 미쳤다고 평가한다. 하지만 3·1운동이 민족자결주의에 결정적 영향을 받았는지, 민족자결주의 기회를 이용했는지, 식민지 탄압에 대한 민족의 저항 의식과 독립 역량 축적으로 일어난 것인지, 하나의 이유만으로 설명하거나 결론짓기는 힘들다.

윌슨과 레닌이 표방한 민족자결주의는 제국주의 밑에서 억압 받고 신음하던 수많은 피지배 민족에게 독립에 대한 희망을 불어넣었다. 하지만 윌슨이 세계 평화를 위해 제시한 14개 항에서 민족자결주의 원칙이 적용되는 지역 중 한국은 제외되었다. 법적 측면에서 보면 식민지 피지배 민족과 식민 정부의 의견을 동등한 입장에서 공평하게 조정한다는 모호한 내용 역시 진정한 의미의 민족자결주의라고 할 수 있는지 의문이다.

민족자결주의의 실제 내용을 보면 처음부터 식민지 피지배 민족이 해방을 기대하기 어려운 허무한 '희망 고문'이었다. 한쪽에서는 민족자결주의를 주창했으나, 다른 한쪽 현실은 제국주의가 광기의 춤을 추던 시대였기 때문이다.

제1차 세계대전에서 승전한 영국·프랑스 등 연합국에 민족
자결이란 독일 등 패전국의 지배를 받고 있던 민족에게 독립을
안겨주기 위한 명분에 불과했다. 정작 연합국 스스로가 지배하
고 있던 민족과 약소국에는 이를 적용하지 않았다.

심지어 영국은 인도인에게 전쟁이 끝나면 독립시켜주겠다고
약속하고 인도인 150여만 명을 유럽 전선과 공장에 투입했지
만, 종전 후 약속을 어기고 오히려 인도의 독립 요구에 대한 탄
압을 강화했다. 이오시프 스탈린 역시 러시아 인접 지역인 발칸
의 분리 독립 요구를 거부했다. 유럽 승전 연합국이 자신들이
지배하는 인도, 이집트 등에 대한 식민지 분리 독립은 거부하면
서도 발칸 지역 민족 독립은 지지하는 이중 기준 적용을 이유로
들었다.

3·1운동을 추진한 민족 대표들도 민족자결주의가 갖는 한계
를 알고 있었고, 국제 질서 재편 과정의 세계사적 흐름을 예견
하기도 했다. 많은 독립운동가와 지식인은 민족자결주의에 기
대 독립을 성취할 수 없다는 것을 모르지 않았다. 하지만 그런
한계를 뛰어넘어 독립의 길을 만들기 위해 동분서주했고, 마침
내 3·1운동의 깃발을 꽂으며 독립선언서에 윌슨의 민족자결주
의를 실어 화살을 쏘아 올린 것이다.

윌슨 대통령의 임기가 끝나자 미국 의회는 국제연맹 가입 안
건을 부결시켰고, 민족자결주의는 빛을 잃었다. 결국 민족자결

주의가 서구 열강들의 제국주의에 의해 사실상 폐기되고 만 것이다. 하지만 그 내용마저 영원히 폐기된 것은 아니었다. 민족자결주의는 식민지 피압박 민족에게 조국을 가질 권리에 대한 강고한 신념을 불어넣기에 충분한 생명력을 가지고 끈질기게 살아남았다.

1966년 국제연합 총회에서 채택해 현재 세계 대다수 국가가 가입한 '시민적·정치적 권리에 관한 국제규약' 제1조는 "모든 사람은 자결권을 가진다. 이 권리에 기초하여 모든 사람은 그들의 정치적 지위를 자유로이 결정하고, 또한 그들의 경제적·사회적·문화적 발전을 자유로이 추구한다"고 규정하고 있다. 민족자결주의와 조국을 가질 권리가 여전히 살아 있음을 보여주는 국제 성문법이며, 모든 국가가 준수해야 할 강행규정으로 해석되고 있음을 보여주는 문구이다.

식민 제국주의 법질서를 뚫다

민족자결주의가 사실상 폐기되었을 당시 제국주의 침략과 식민지 지배를 정당화·합리화시킨 지배 이데올로기는 '사회진화론'이었다. 영국의 허버트 스펜서Herbert Spencer 등이 주장한 사회진화론은 사회가 일정한 방향으로 진화, 발전한다는 것이다. 사회진화론은 인간 생활이 생존경쟁의 현장이며 적자생존, 약육강식의 생존 투쟁을 통해 진화와 진보가 이루어진다고 보았다.

사회진화론 입장에서 보면, 한국이 일제에 강제 병합된 것은 생존경쟁에서 패배한 나라가 겪는 당연한 결과이고, 약한 민족이 강한 민족의 노예로 지배를 받는 것이 정당하다. 그러나 3·1운동은 식민지 지배를 당연하고 정당한 것으로 인정하지 않았다. 사회진화론을 거부한 것이다. 조국을 가질 권리는 강자만의 권리가 아니며, 강자가 약자에게 선물로 안겨주는 권리도 아니다. 조국을 가질 권리는 '약자에게 더욱 절실한 권리'이기 때문이다. 권보드래 고려대학교 국문과 교수는 "[사회진화론] 세계관이 대세였다면 3·1운동은 불가능했을 것이다. 3·1운동은 사회진화론을 돌파함으로써 가능해졌다"고 해석*했다.

우리 민족은 3·1운동을 통해 패배적 굴종 의식을 강요하는 사회진화론을 박차고 나와 주인의 삶을 선언했다. 기미 독립선언문에서는 "힘으로 억누르는 시대가 가고, 도의가 이루어지는 시대가 오는구나. 지난 수천 년 갈고닦으며 길러온 인도적 정신이 이제 새로운 문명의 밝아오는 빛을 인류 역사에 비추기 시작하는구나"라고 희망을 품었다.

하지만 현실의 벽은 높기만 했다. 사회진화론이 제국주의 열강의 지배적 이데올로기가 되고, 문명국은 비문명화된 민족과 사회를 문명화할 의무가 있다는 문명법까지 가세한 세상에서

---

* 권보드래, 《3월 1일의 밤》, 돌베개, 2019, 199쪽.

민족자결주의와 조국을 가질 권리 투쟁은 결코 쉽지 않았다. 사회진화론과 문명론은 사회적 담론의 하나에 불과했지만, 제국주의 국가들에서 단순한 담론과 지식 차원을 넘어 법을 지배하는 원칙으로 흡수되었다. 이는 오늘날까지 일본을 비롯한 식민 제국주의의 식민지 지배를 합법화하는 법 논거와 이념적 배경으로 기능하고 있다.

사회진화론이 제국주의·군사주의·식민주의·민족주의와 결합한 결과, 인류는 제1차 세계대전을 겪은 후에도 또다시 4,000만~5,000만 명이 사망하는 제2차 세계대전 참화를 경험하며 끔찍한 인종 학살의 재앙을 마주하게 되었다.

서구 유럽의 자유·평등 계몽 정신은 침략적인 식민 제국주의 광기에 의해 여지없이 붕괴되었고, 인류에게 환멸을 불러일으켰다. 인류는 종말이 바라보이는 무덤 옆에 서서야 비로소 숨을 돌리고 사회진화론을 진지하게 다시 생각해보게 되었다. 그 결과 사회진화론은 쇠퇴했고, 식민지를 침략·지배하는 형태의 제국주의는 설 자리를 잃었다.

하지만 사회진화론과 제국주의가 완전히 사라졌다고 볼 수는 없다. 세계화 시대를 맞아 강대국 힘의 논리에 의한 직간접 침략 전쟁과 초국가적 기업의 무한 약탈이 새롭게 전개되고 있기 때문이다. 사회진화론과 제국주의가 형태를 달리해 마치 '저주가 풀리지 않은 마법의 힘'처럼 전 세계를 떠돌고 있다.

3. 조국을 가질 권리가
민주공화국 헌법으로 일어서다

비록 일제의 총칼 앞에 만세 운동은 좌절되었으나, 3·1운동이라는 거대한 호수를 빠져나온 역사의 물줄기는 새로운 물길을 찾아 떠났다. 임시정부 수립을 비롯한 가열찬 독립 투쟁의 시작이었다.

3·1운동이 확산되는 가운데 임시정부 수립을 선언한 곳 중 실체가 확인된 세 곳은 서울의 한성임시정부漢城臨時政府와 블라디보스토크의 노령정부露領政府, 그리고 상하이의 대한민국임시정부이다. 이들 임시정부는 이후 통합 작업을 추진, 1919년 9월 6일 제1차 개헌 형식을 거쳐 대통령 중심제인 대한민국임시정부로 통합되었다.* 각지에 흩어져 있던 독립운동 세력을 통합한 단일 정부를 구성함으로써 1945년 조국 해방이 될 때까지 27년 동안 독립 투쟁을 이끌어가는 구심점이 된 것이다.

임시정부의 통합은 단순한 정부 수립을 뛰어넘은 의미를 지니고 있다. 임시정부 수립은 근대 민족국가의 주춧돌을 놓았음을 의미하며, 이후 전개된 각종 독립운동의 목적은 주권 회복을 통한 '공화제 국가 수립'이 되었다.

---

* 이하 대한민국임시정부를 '임시정부'로 약칭한다.

1880~1890년대 갑신정변과 갑오개혁에서 개화파는 군주의 권한을 제한하고 내각 권한을 강화하는 방향으로 '제한군주제' 정치체제를 만들려다가 고종에 의해 좌절되었다. 1905년 을사늑약 전후로는 군주제 헌법 제정과 의회 개설을 통한 '입헌군주제'를 도입하자는 의견이 우세했다. 입헌군주제론이 공화제론으로 옮겨가는 결정적 계기는 1910년 대한제국의 해체와 1911년 중국의 청이 멸망하고 중화민국이 수립된 신해혁명이었다. 3·1운동 중 각지에 뿌린 전단에서는 여러 임시정부 수립안이 제시되었는데, 더 이상은 군주제가 등장하지 않았다. 모든 정부 수립안이 공화제 정부를 지향하는 것이었다.*

1919년 4월 11일 상하이에 수립된 대한민국임시정부는 국호를 '대한민국'으로 제정했다. 이 국호는 민주정체 국가를 표현하는 '민국'을 채택했다는 데 의미가 있다. 10년 전에 잃은 대한제국을 회복한다는 뜻에서 '대한'이라는 이름을 찾아 쓰되 정치체제는 군주제를 지양하고, 민주주의에 입각한 국가를 건설한다는 것이었다. 그와 함께 제정한 대한민국임시헌장 10개조 중 제1조에서 "대한민국은 민주공화제로 함"이라 규정했다.** 백성이 주인이 되는 민주공화국의 구체적 모습이 3·1운동과 임

---

* 박찬승, 〈한국의 근대국가 건설운동과 공화제〉, 《역사학보》 제200집, 역사학회, 2008, 340~341쪽.
** 국사편찬위원회, 《대한민국임시정부자료집》 1권 헌법·공보, 국사편찬위원회, 2005.

시정부를 통해 비로소 나타난 것이었다.

국권 상실의 역사적 상황을 거치며 군주세에서 제한군주세로, 제한군주제를 넘어 입헌군주제로 한 단계 올라갔고, 입헌군주제에서 공화제로 다시 한 단계 더 올라가는 논의와 의견 수렴이 이루어진 결과이다. 통한의 대한제국 몰락은 역설적이게도 민족 혹은 국민주권의 꽃을 피우는 출발점이 된 것이다.

민족은 비극을 통해 희망을 잉태했다. 국가 형태에 대해 제기되어온 다양한 의견은 3·1운동을 거치며 복고적 근왕주의가 사라지게 만들었고, 국민주권주의에 의한 민주공화국 헌법으로 승화했다. 3·1운동에서 선언한 독립에 대한 실체적 의지가 헌법 제정으로 이어진 것이다.

민주공화제 선택은 봉건 체제와의 단절인 동시에 일본 제국주의와 식민지 지배를 부정하는 것이었다. 민주공화제는 민주주의와 공화주의의 결합이며, 공화주의에서 핵심 요소는 자유와 평등이다. 따라서 민족의 평등한 참여를 통한 민족의 자기 지배를 의미한다. 왕이 다스리는, 왕이 주인인 나라 '제국帝國'에서 인민이 다스리는, 인민이 주인인 나라 '민국民國'으로 바꾸고, 군주가 다스리는 백성인 '신민臣民'에서 인간 그 자체로 독립적인 사람인 '인민人民'으로 바꾼 것이다.

이는 한반도 수천 년의 역사에서 처음 발생한 전무후무한 격변이었고, 본래 의미의 혁명이었다. 이러한 근본적 변혁을 중시하기 때문에 그 변혁의 뿌리인 3·1운동을 '3·1혁명'으로 지칭해야 한다는 의견도 많다. 제헌헌법에서 현행 헌법에 이르기까지 헌법 전문에서 일관되게 3·1운동으로 규정하기는 하나, 법적 관점에서 혁명이라는 사실은 분명하다.

당시 3·1혁명은 실질적 역할을 수행하는 국가를 이루지는 못했다. 하지만 미래 국가 이름을 '대한민국'으로 정했고, 이는 현재까지 우리 국호로 이어지고 있다. 대한민국헌법이라는 헌법의 이름에서 볼 수 있듯 '국호'도 헌법의 일부이다. 그리고 대한민국헌법 제1조에서 "대한민국은 민주공화국이다"라고 규정한다.

법의 시선으로 본다면 3·1운동과 독립 투쟁은 우리 헌법과 우리 법을 갖고, 우리 법의 지배를 받으며 살고자 하는 '법 투쟁'이었다고 할 수 있다.

임시정부와 독립 투쟁은
적법한가

1. 임시정부는 일개 독립단체에 불과한가

임시정부는 법으로 인정받을 수 있는 적법한 정부인가? 이 질문의 저의에 대해 불쾌해하는 사람들이 있을 것이다. 충분히 이해할 수 있는 반응이다. 그러나 일반인에게는 매우 생경한 질문이지만 법적으로는 치열한 쟁점이 도사리고 있다. 이 질문은 임시정부가 제정한 대한민국임시헌법이 민족의 위임을 받아 제정된 것인가라는 문제와 동일한 함의를 지닌 것이다.

만일 대한민국임시정부 수립이나 임시헌법 제정이 민족의 신임이나 위임 없이 이루어졌다고 본다면 독립운동가들이 독립운동 자금을 모금한 사실부터 희대의 금전적 사기극을 연출한 것이 될 뿐 아니라 임시정부 헌법은 일개 단체가 마음대로 작문해서 선포한 문장에 불과하게 된다. 그래서 법적으로 아주 뜨거운 문제가 되지 않을 수 없다. 국권 상실로 대한민국임시헌법이 한반도에 실제 적용되지 못했다는 문제는 제쳐두고라도 이 법을 민족의 헌법이라고 부를 수 있으려면 '임시정부는 적법하다'는 것이 전제되어야 하기 때문이다.

임시정부 수반들 역시 이 문제를 심각하게 고민했을 것이다. 일제 무력에 의한 국권 상실은 분명한 객관적 사실이었고, 민족의 위임이나 동의를 받는 것도 불가능했으며, 헌법을 제정하더라도 한반도에 실효적으로 적용할 수 없다는 것을 인식하지 않을 수 없었기 때문이다.

그럼에도 불구하고 대한민국임시헌장 선포문에서는 "국민의 신임으로 완전히 다시 조직한 임시정부"라고 밝히며, 선서문에서는 "전 국민의 위임을 받아 조직"되었다고 밝히고 있다.* 이러한 문구를 과연 정당하고, 적법하다고 볼 수 있을 것인가? 지금부터 이 문제를 살펴보고자 한다.

임시정부 적법성을 부정하는 자와 헌법의 눈

헌법은 임시정부 적법성을 어떻게 언급하고 있으며, 법학자들은 헌법 규정 의미를 어떻게 해석하고 있는지부터 살펴보자. 이는 곧 임시정부 법통 계승 문제이기도 하다.

제헌헌법은 전문에서 "3·1운동으로 대한민국을 건립"했다고 규정했고, 현행 헌법은 전문에서 "우리 대한국민은 3·1운동

---

* 국사편찬위원회, 《대한민국임시정부자료집》 1권 헌법·공보, 국사편찬위원회, 2005.

으로 건립된 대한민국임시정부의 법통을 계승"했다고 규정하고 있다. 하지만 이러한 헌법 규정 의미에 대해 "임시정부는 국민에 의해 선출된 국회와 정부가 아니기에 임시정부 수립을 국가 수립이라고 할 수 없고, 임시정부는 독립운동가들이 만든 일개 독립운동 단체 또는 저항 조직"이라고 말하는 학자가 있다. 3·1운동으로 대한민국을 건립하고 대한민국임시정부의 법통을 계승했다는 헌법 내용은 정신적 측면에서 독립 정신을 이어받았다는 역사적·사실적 의미일 뿐, 임시정부의 적법성을 이어받았다는 의미는 아니라는 주장이다.

임시정부 적법성을 인정하지 않는 견해(이하 임시정부 부적법설)의 논리를 확장해보면 임시정부는 사실상 일개 저항 단체에 불과하며, 임시정부를 중심으로 이루어진 모든 독립 투쟁은 일제에 반란을 도모하는 무력 저항 단체의 폭력이라는 결과가 도출될 수 있다. 대한민국 독립운동사에서 자랑스럽게 거론하는 청산리대첩과 봉오동전투, 김구·김원봉··윤봉길·이봉창 등으로 상징되는 의열 투쟁, 독립을 위한 외교적 노력 등은 모두 법적으로는 불법행위로 볼 수 있는 거대한 '법의 지옥문'이 열린다.

임시정부가 적법한 존재일 경우에만 임시정부를 중심으로 이루어진 모든 독립 투쟁이 논리적으로 적법한 행위로 간주된다. 그래서 임시정부를 사실상 임의 사설 단체라고 보는 이들도 이러한 주장이 사회에 가져올 커다란 파문을 인식해 "임시정부의 독립 활동을 부정하는 것이 아님을 명확히 인식해야 한다"고 극구 강조한다.

우리 민족은 일제로부터 해방 후 비로소 실질적 국가 구성원인 국민이 되었고, 국민은 모든 국가권력의 근원적 힘을 가진 주권자가 되었다. 주권자가 제정한 헌법에서 3·1운동과 이로부터 비롯된 임시정부 수립과 활동을 '국가 건립'으로 규범화함으로써 임시정부 수립과 활동의 법적·역사적 의미를 분명히 했다. 만일 임시정부 수립과 활동을 단순히 일개 저항 단체 독립운동으로 보았다면 굳이 대한민국 건립, 임시정부 법통 계승, 제헌헌법에서 민주 독립국가를 재건한다고 명시할 이유가 없다.

헌법 문언文言은 헌법 제정의 권력 주체인 국민이 직접 선택한 의사 표시이고, 헌법을 원천적으로 만들 힘을 가진 국민이 결단한 내용이다. 따라서 임시정부 적법성을 인정하지 않는 견해는 헌법의 문언에 반하는, 헌법의 최고규범 효력을 부인하는 견해이다.

헌법재판소는 "우리 헌법의 전문과 본문 전체에 담겨 있는 최고 이념은 국민주권주의와 자유민주주의에 입각한 입헌민주 헌법의 본질적 기본 원리에 기초한다. 기타 헌법상의 제 원칙도 여기에서 연유되는 것이므로 이는 헌법전을 비롯한 모든 법령 해석의 기준이 되고, 입법 형성권 행사의 한계와 정책 결정의 방향을 제시하며, 나아가 모든 국가기관과 국민이 존중하고 지켜가야 하는 최고의 가치 규범이다. 민주사회에서는 헌법의 규범을 준수하고, 그 권위를 보존하는 것을 기본으로 한다. 우리 국민은 이러한 헌법적 약속을 알고 있다"라고 판시하고 있다.*

헌법은 법의 계통이나 전통을 의미하는 '법통法統'이라고 표현했지, 사실적·역사적 전통이라고 표현하지 않았다. 법통 계승은 법의 전통을 이어받는 것이다. 따라서 임시정부가 행한 권리·의무를 현재의 대한민국이 그대로 이어받는다는 것을 의미한다. 적법한 법의 전통을 이어받았기 때문에 임시정부와 임시정부 헌법을 적법하다고 보는 것은 논리적으로 당연한 결과이다. 임시정부가 행한 각종 행위가 적법하지 않다면 대한민국이 임시정부의 권리·의무를 이행할 법적 책임이 없다.

예컨대 '독립공채상환에 관한 특별조치법'은 1919년 이후 대한민국임시정부 명의로 발행된 공채에 대해 원금에 공채표 또는 증권에서 기재된 이율에 따라 복리로 계산한 금원金員을 대한민국이 상환하는 내용이다. 임시정부가 임의단체에 불과하다면 그 권리·의무를 현 국가가 승계하여 갚을 이유가 없다. 임시정부가 임의 사설 단체가 아니라는 명확한 법적 근거이다.

---

* 헌법재판소 1989. 9. 8. 88헌가6.

'독립유공자예우에 관한 법률'도 마찬가지이다. 동법 제2조는 대한민국임시정부 법통을 계승한 대한민국은 독립유공자의 희생과 공헌을 바탕으로 이룩된 것이라는 사실을 밝히면서 독립유공자와 그 유족의 영예로운 생활이 유지·보장되도록 실질적 보상이 이루어져야 한다고 규정하고 있다. 임시정부 법통을 계승한다는 헌법에 따라 대한민국이 임시정부의 권리·의무를 승계한다는 것을 명백히 밝히는 법률적 근거라 할 수 있다. 임시정부가 임의 사설 단체에 불과하다면 독립유공자와 그 후손에 대해 국가가 자진해서 법적 책임과 의무를 부담할 이유도 없다.

좀 더 나아가 임시정부 적법성은 한일병합 관련 '조약'의 무효 문제와 맞물려 있기도 하다. 일본이 지금도 주장하는 것처럼 한일병합 관련 '조약'이 합법이고 유효하다면 임시정부는 부적법한 정부가 된다. 만일 조약이 무효라는 것을 인정하면서 임시정부 적법성은 인정하지 않는다고 주장하면 양립하기 어려운 심각한 논리적 모순이 발생한다. 임시정부 부적법설은 의도하든 의도하지 않든 한일병합 관련 '조약'이 유효라는 근거가 되어버린다.

전술했듯이 임시정부와 대한민국임시헌법 제정에 대해 민족의 위임이나 신임이 없었다고 가정하더라도, 대한민국 국민은 헌법을 통해 사후 승인 의사를 명백히 밝혔기 때문에 임시정부

적법성을 부인할 수 없다. 어떠한 행위를 하면서 상대방의 위임 없이 한 행위는 원칙적으로 효력이 발생할 수 없다. 그러나 위임 없이 한 행위라 하더라도 사후에 이를 인정하면 법적으로 유효하다.

정부나 국가의 행위도 마찬가지이다. 헌법에서 대한민국 건립, 임시정부 법통 계승이라는 규정은 임시정부가 민족의 사전 위임 없이 수립했다고 가정하더라도 주권자가 이를 모두 인정한다는 헌법 사후 승인으로 해석하는 것이 타당하다. 임시정부 수립과 임시정부가 제정한 대한민국임시헌법을 민족의 위임에 따른 것이었다고 헌법이 확인하고 인정하는 내용이다.

1776년 미국 독립선언과 독립전쟁, 1789년 프랑스혁명에서 미국 독립의 아버지들과 프랑스혁명의 주체가 오늘날과 같은 국민투표 등 적법절차를 통해 국민으로부터 동의나 위임을 받고 독립전쟁과 혁명을 일으켰는가? 1911년 청나라를 무너뜨리고 중화민국을 수립한 중국의 신해혁명이 국민으로부터 동의 또는 위임을 받고 일으킨 혁명이었나? 모두 국민으로부터 사전 동의나 위임을 받아서 일으킨 혁명과 독립전쟁이 아니다. 이들 모두 헌법을 통해 독립전쟁과 혁명의 합법성 및 정당성을 사후 승인받았고, 국민의 위임을 받았다는 데 누구도 이의를 제기하지 않는다.

3·1운동과 임시정부를 미국의 독립전쟁, 프랑스혁명, 중국의

신해혁명과 달리 보아야 할 논리적 이유가 전혀 없다. 따라서 임시정부 부적법설은 세계사를 법적 관점에서 비교해보더라도 수긍하기 어려운 주장이다.

임시정부 부적법 주장과 건국절 논란

임시정부 부적법 주장에서 한 걸음 더 나아가면, 이른바 건국절 논란 문제와도 연결된다. 임시정부 적법성을 인정할 수 없다는 논리의 연장선상에서 보면 임시정부 수립을 건국으로 인정하는 것 역시 잘못되었다는 결론에 이른다.

건국절 문제는 이명박 정부 이전에는 사회적 관심과 논란거리가 아니었다. 그런데 이명박 정부가 대통령 훈령을 만들고, 뉴라이트라 칭하는 교과서 포럼과 함께 1919년 대한민국임시정부 수립이 아닌, 1948년 8월 15일을 건국기념일로 제정하려고 시도하면서 격렬한 대립과 충돌이 발생했다.

박근혜 정부 때에는 2016년 역사 교과서 국정화를 시도하면서 교과서에 "대한민국 건국일은 1948년 8월 15일"이라는 내용을 추가해 논란이 재연되었다가, 2017년 5월 문재인 정부의 국정교과서 폐기로 이 문제는 물밑으로 다시 잠복했다.

이 문제에 대해 결론적으로 말하자면, 1948년 8월 15일이 건국기념일이라는 주장은 반헌법적·위헌이다. 그 이유는 앞서 본 임시정부 부적법설의 반대 논거와 동일하다. 헌법의 명문 규정에 반하고, 최고규범인 헌법의 효력을 부정하는 것이며, 헌법의 사후 승인과 효력 또한 부정하는 것이기 때문이다.

건국절 논란에 시선을 모아볼 때, 임시정부 적법성은 인정하지 않으면서 '임시정부 독립 활동을 부정하는 것이 아니'라고 강변하는 데는 결국 1948년 이승만 정부가 출범했을 때를 건국으로 보아야 한다는 주장을 뒷받침하려는 정치적 의도가 숨어 있다. 헌법위반 지적을 에둘러 피하면서 우회로를 선택해 논리 가교를 세운 것이라는 의혹으로부터 결코 자유로울 수 없을 것이다.

자크 데리다Jacques Derrida는 저서《법의 힘Force de loi》에서 "딱 잘라 판단을 내리는 단절의 결정 없이는 어떤 정의도 실행될 수 없고, 어떤 정의도 발휘되지 못하며, 어떤 정의도 실현되지 못할뿐더러, 법의 형태로 규정될 수도 없다"고 말한다.* 임시정부 적법성 논란은 데리다의 규정으로 정리할 수 있을 것이다.

임시정부는 적법한 우리의 정부이며, 대한민국임시헌법도 우리의 헌법이다. 이는 해방 이후 헌법 제정을 통해 국민이 보여준 헌법 결단이다. 결단한다는 것은 다른 것은 배제한다는 의미를 갖는다.

---

* 자크 데리다,《법의 힘》, 진태원 옮김, 문학과지성사, 2004, 51쪽.

2. 김원봉, 김구는 테러리스트인가

단재 신채호 선생이 '일제강점기 문무를 겸한 최고의 인물'로 칭송한 사람이 있다. 일제 현상금 '100만 엔'(김구 60만 엔, 이승만 30만 엔)의 사나이. 그 치열했던 삶으로 영화 〈암살〉과 〈밀정〉의 영화 제작 동기 및 주제가 된 전설적 독립운동가. 미군정 시대 좌파 통일 단체에서 활동한다는 이유로 미군정의 탄압과 회유를 받았고, 악질 일제 고문 경찰에서 애국 경찰로 둔갑한 노덕술에 체포되는 모독을 당하고 사흘을 통곡하다가 월북했다는 사람.* 일제강점기 독립운동에 헌신한 이들이 남과 북으로 갈라서는 하나의 비극을 웅변적으로 보여주는 인물. 대한민국의 독립유공자 묘역과 조선민주주의인민공화국의 애국 열사 묘역 어디에도 묘비조차 없는 사람. 극단적으로 경직된 냉전 이데올로기에 희생돼 남과 북 모두에서 외면당하고, 파묻히고, 잊을 것을 강요당한 이. 그는 의열단 단장, 조선의용대 대장, 임시정부 군무부장 김원봉이다.

'의열 투쟁'은 의사와 열사의 투쟁을 합한 단어이다. 생명의 위험을 무릅쓰고 의로운 일을 실행하는 데 용감하게 나선 경우 의사라 호칭하고, 대의를 좇아서 죽음의 길로 감히 뛰어든 경우

---

* 한상도, 〈김원봉의 월북 배경과 이후 정치활동의 궤적〉, 《한국근현대사연구》 88, 한국근현대사학회, 2019, 216~217쪽.

열사라 부른다. 그러므로 '의열'이란 단어는 죽음을 두려워하지 않는 의로운 행위와 희생을 기리는 말이다.

1919년 11월 10일 만주에서 김원봉을 비롯한 열혈 청년 13명이 중심이 되어 '의열단'을 결성했고, 의열 투쟁은 주요 독립운동 방략方略의 하나로 급부상했다. 의열단은 조선총독 이하 고관, 군 장성, 대만총독, 매국노, 친일파 거두, 밀정, 반민족적 양반·지주 등 이른바 의열단 7가살七可殺을 암살 대상으로 정하고, 5파괴 대상으로는 조선총독부, 동양척식주식회사, 매일신보사, 각 경찰서, 기타 외적 중요 기관으로 정했다. 의열단은 조선총독부, 밀양·부산·종로경찰서 등에 폭탄을 투척했고, 일본군 대장을 저격했으며, 밀정을 암살하는 등의 투쟁을 벌였고, 의열단 단원은 현장에서 사살당하거나 체포되어 처형당했거나 옥사했다.

1930년대 의열 투쟁을 주도한 것은 '한인애국단'과 김구였다. 1932년 1월 8일 제국 심장부를 겨냥해 도쿄 시청 앞에서 일본 천황 히로히토에게 폭탄을 투척한 이봉창의 의거, 1932년 4월 29일 상하이 홍커우 공원에서 일제 군 장성에게 폭탄을 던진 윤봉길의 의거 등은 한인애국단의 의열 투쟁이었다.

테러 주장의 법적 근거는 없다

뉴라이트 교과서 포럼에서 출간한 교과서는 김구에 대해 "한인애국단을 조직해 항일 테러 활동을 시작했다"고 기술하고 있다. 이들처럼 의열 투쟁을 테러라고 보는 견해가 과연 맞는지, 의열 투쟁에 대해 테러라고 말할 법적 근거는 있는지 생각해볼 만한 문제이다.

테러와 테러리즘이라는 개념은 법적으로 명확하게 규범화하기 곤란한 속성을 지니고 있다. 국제사회 각 국가 및 집단은 정치, 경제, 종교, 민족, 이념 등에 다양한 차이가 존재하고 있어 각 입장에 따라 대립과 협조를 반복하고 있다. 결국 어떠한 입장을 취하느냐에 따라 특정 행위를 두고 테러로 인식하는 시각이 달라질 수밖에 없어 개념을 설정하고 규범화하는 데 어려움이 생긴다. 그래서 현재도 끔찍한 테러가 세상에 활개 치고 있지만, 법적으로는 정의하기 곤란한 위험하고 불분명한 개념으로 남은 채 국제사회의 노력에도 불구하고 테러에 대한 가시적 해결책을 찾지 못하고 있다.

9·11 테러 이후 미국은 애국법을 제정했고, 몇몇 국가가 테러에 관한 법률을 만들어 시행하고 있지만,* 이는 국제사회에 준용되는 법이 아니다. 자국 내 정치적·종교적 필요성에 의해 만든 법률일 뿐이다. 현재 유엔 역시 테러리즘 정의를 명확하게 규정하지 못하는 실정이고, 국제 관습 법규 또는 보편적 다자조약 등도 존재하지 않는다.

현재도 그러할진대, 일제 식민지 시대에 권위 있는 국제기구 등에서 테러와 테러리즘 개념을 규정해 국제사회 규범으로 제정한 사실이 있을 리 없다. 따라서 식민지 피지배국의 독립운동을 테러 행위라 부를 근거가 없었다. 국제법뿐 아니라 일제 식민지 지배 법률도 마찬가지이다.

테러범을 포함해 모든 범죄행위는 행위 당시의 법을 적용하는 것이 원칙이다(행위시법주의). 행위 당시 법률이 없었는데 사후에 법률을 만들어 처벌하는 것은 소급효 금지 원칙과 죄형법정주의를 위반하는 것이다. 법률이 없으면 범죄도 없고 형벌도 없

---

* 한국의 경우 2016년 '국민보호와 공공안정을 위한 테러방지법'이 테러 개념의 모호성으로 인해 많은 반대 속에서 우여곡절 끝에 제정되었지만 인권침해 우려가 없어진 것은 아니다. 미국의 애국법과 관타나모 수용소의 인권유린, 고문, 학대 등은 우리에게도 언제든지 일어날 수 있는 경고신호이다.

다는 죄형법정주의와 법률을 소급해 처벌할 수 없다는 원칙은 인류의 오랜 역사적 경험과 고통을 반영한 매우 중요한 법 원칙이고, 모든 국가에서 법률로 규정하고 있다.

만일 사후 입법에 의한 처벌이 가능하다고 하면, 집권자와 다수자가 행위 당시에는 법적으로 죄가 되지 않은 것을 나중에 범죄라고 처벌할 수도 있다. 그렇게 되면 국가의 형벌권 남용으로부터 개인의 인권을 지킬 수 없기에 모든 국가가 소급 처벌을 금지하고 있다. 이는 근대 인권 사상의 핵심 원칙이다.

따라서 테러 관련 법령이 전무하던 일제 식민지 시대 의열 투쟁을 테러 또는 테러리즘이라고 규정하는 것은 법적 관점에서 전혀 근거가 없다. 일제강점기 법령이 아니라 현재의 법률적 관점에서 의열 투쟁을 테러로 규정하려는 태도 역시 부적절하다. 의열 투쟁의 목적과 대상, 결과, 시대 상황과 대의, 긴급성, 법적 문제 등을 모두 전체적으로 고려해야 마땅하기 때문이다. "긴급 사태는 법을, 법률을 갖지 않는다"는 법언도 고려해보아야 한다. 식민 지배 시대는 이에 해당하는 '긴급사태'라 할 수 있다. 식민 지배로부터의 독립운동을 테러라고 규정하는 것은 정치적 성향이나 이념에 따라 자의적으로 재단한 '테러적' 표현에 불과하다.

오히려 단재 신채호 선생이 100년 전에 작성한, 흔히 의열단 선언이라고 불리는 '조선혁명선언'에서 지적한 이족 통치 파괴,

특권 계급 파괴, 경제 약탈 제도 파괴, 사회적 불평등 파괴, 노예적 문화 사상 파괴는 오늘날까지 여전히 우리가 해설해야 할 숙제로 남아 있는 것이 현실이다.

3. 독립 투쟁과 정의로운 전쟁을 할 권리

로마시대 아우구스티누스는 평화를 회복하기 위한 전쟁은 정당화된다고 보았다. 이른바 '정의로운 전쟁' '정당한 전쟁론'이다.

전쟁만큼 뜨거운 주제와 논쟁도 없다. 인류의 생존과 삶의 질에 미치는 영향이 가히 파괴적이기 때문이다. 전쟁을 둘러싸고 평화주의, 현실주의 입장에 종교적 입장까지 더해져 다양한 시각이 팽팽하게 대립해왔다. 특히 미국의 조지 부시 대통령이 테러와의 전쟁을 선포하고 제2의 십자군 전쟁, 정의로운 전쟁이라며 2003년 이라크를 침공함으로써 논란은 극도로 증폭되었다.

어떤 전쟁이 정의로운지에 대해 많은 논란이 있지만, 침략으로부터의 '방어 전쟁'만큼은 그 정당성을 의심하는 이가 없다. 타국이 침략했을 때 방어하는 것은 이견 없이 정의로운 전쟁으로 간주하고 있다. 미국은 일제가 일으킨 아시아·태평양전쟁에서 승리하기 위해 핵폭탄을 투하했고, 결국 일제는 항복했다.

핵폭탄 투여는 무고한 민간인 희생이 너무 컸다는 이유로 비판받기도 한다. 하지만 핵폭탄 투여를 이유로 일제의 진주만 폭격에 대한 미국의 방어 전쟁 자체를 정당하지 않은 것으로 본다거나, 민간인을 상대로 한 테러라고 하는 사람은 거의 없다. 목적이 수단을 정당화하는 극적 사례이기도 하다.

침략에 대항하는 전쟁이 정당하고 정의롭다고 보는 이유는 인간의 생명과 자유의 존엄성, 영토 보전과 국가주권 유지가 누구도 부정할 수 없는 근원적 권리이기 때문이다. 이러한 시각에서 볼 때 일제 침략과 식민지 강점에 맞서 강탈된 조국의 영토와 인간으로서 존엄을 되찾기 위한 독립 투쟁은 정의로운 전쟁에 해당한다.

조국을 가질 권리는 정의로운 전쟁을 할 수 있는 권리이다. 따라서 독립을 위한 수단으로 무력을 선택한 의열 투쟁도 테러가 아닌 정의로운 전쟁으로 보는 것이 마땅하다. 조국을 가질 권리, 정의로운 전쟁을 할 권리는 민족과 국가의 생존을 위한 권리이다. 따라서 단순한 저항권이라고 말할 수 없으며, 저항을 넘어선 혁명의 권리이다. 의열 투쟁을 놓고 "정당한 폭력이 늘 정당한가?"라고 묻는 것은 우리 모두가 한 번쯤 깊이 성찰해봐야 할 질문이다.

4. 독립·민주화 투쟁과 자연법

임시정부와 임시정부 헌법을 인정하지 않고 이를 부적법하다고 보는 일부 견해를 따를 경우, 또는 임시정부의 적법성과 임시정부 헌법을 인정할 경우에도, 1910년 국권 상실부터 1919년 임시정부가 수립되고 헌법이 제정될 때까지 10여 년의 공백 기간에 전개된 독립 투쟁에 합법성과 정당성을 부여할 법은 존재하는가라는 문제는 여전히 남는다.

이 문제의 답은 '존재한다'는 것이다. 의열 투쟁을 비롯한 독립운동에 합법성과 정당성을 부여할 수 있는 법적 논거는 자연법에 있다. 동학혁명의 '사람이 곧 하늘이다'는 내용, 3·1 독립선언에서의 '하늘의 분명한 명령'이라는 내용이 근대 우리 민족이 선언한 자연법에 해당한다. 미국 독립선언서의 '창조주로부터 양도할 수 없는 권리를 부여받았다'는 내용, 1789년 프랑스혁명의 산물인 인간과 시민의 권리선언의 '인간의 자연적이며 박탈할 수 없는 제 권리' 역시 자연법에 해당한다.

법률가들은 이러한 권리를 모두 자명하고 정당한 법, 이른바 자연법이라고 부른다. 자연법이란 언제 어디서나 유효하고 보편타당한 법규범의 총체를 의미한다. 인간에 의해 법이라고 만든 실정법만이 법이 아니라, 아직 제정되지 아니한 초실정법적인 법도 법으로 파악하는 것이다.

법실증주의와 자연법의 차이는 법과 정의, 인권, 도덕과의 연관성을 보는 시각에 있다. 법실증주의는 내용의 정당성 여부에 관계없이 실정법으로써 형식적 요건을 갖추면 법이라고 보는 반면, 자연법은 정의와 인권 같은 도덕적 가치는 법의 필수 요소이며, 정의와 인권에 중대하게 반하는 법은 처음부터 법이 아니라고 본다.

이 두 가지 법을 언뜻 비교해보면 자연법이 지극히 타당한 것으로 보일 수 있다. 하지만 역사에서 자연법은 지금 우리가 당연하다고 생각하는 보편타당한 원칙과는 다른 모습도 많았다. 앞서 살펴본 신분 계급은 자연의 이치에 맞는 제도이고, 자연법 질서는 이미 자명하게 주어진 것이며, 이를 신의 계시와 뜻으로 이해하고 인식한 선천적 노예설이 대표적이다. 근대에 이르러서야 인간의 이성을 신뢰하고 인간의 존엄성을 추구하면서 모든 인간에게 자유와 평등을 인정해야 한다는 사상이 자연법의 뼈대가 되었다.

근대 법실증주의는 국가 사회에 필요한 내용을 법률로 명문화함으로써 자의적인 법 집행이나 재판을 배제해 인권을 보호하고, 법적 안정성에 기여할 것으로 기대했다. 그러나 법실증주의는 근대의 제국주의, 인종주의 등이 파시즘과 결합해 법으로 포장된 전쟁과 인종 학살이라는 미증유의 인류 참사를 낳았다. 3·1 독립선언, 미국 독립전쟁, 프랑스혁명이 당시 존재하는 실정법 질서와 지배를 정당하다고 인정하고 복종했다면 오늘 우리 모습은 존재하지 않을지도 모른다.

기존 법질서를 규정짓는 실정법이 정의롭지 못할 때 선조들은 이를 부정하는 근거를 보편타당한 불멸의 법인 자연법에서 찾았다. 실정법보다 우월하다고 믿는 또 하나의 보편타당한 법으로써 자연법은 인간 존재가 의심받고 억압받는 상황에서 벗어날 수 있는 '비상 탈출법'이었다. 그래서 "극도의 부정의가 지배했던 이전의 현실에서 '자연법'은 인권 해독에 도움을 주는 로제타석Rosetta Stone이었고, 자연법은 현실과 무관한 것이 아니라 현실의 고통을 이해하고 해결하려 했던 '시대의 전사'였다"*는 지적도 나온다.

자연법은 법실증주의가 정의를 짓밟은 역사의 고비마다 개혁·혁명·투쟁의 원동력이었고, 해방과 저항을 정당화하는 소중한 법 논리였다. 조선 말기 극심한 학정에 분연히 일어선 동학혁명, 일제의 천황충성법에 의한 압살과 탄압 속에서의 의열·독립 투쟁, 해방 이후 공간에서 긴급조치와 계엄 등으로 얼룩진 민주주의 질식 상태에서의 반독재 민주화 투쟁은 이를 잘 보여준다. 평화로운 사회 속에서는 존재하지 않는 것처럼 보이지만, 비정상적 사회에서는 항상 그 모습을 홀연히 드러낸 것이 자연

* 고봉진, 〈자연법과 '자연권으로서 인권'〉, 《법과 정책》 제18집 제2호, 법과정책연구원, 2012, 8쪽.

법이었다.

독재자와 역사의 진보 및 변화를 두려워하는 자들은 자연법 논리로 기존 법질서에 저항하는 것을 결코 용납하지 않았다. 그들은 자연법과 천부인권 사상을 부정하는 데 그치지 않고, 폭력과 폭력의 공포를 이용했으며 법의 이름으로 탄압했다. 일제 식민 지배자들이 그러했고, 해방 이후 독재자들이 그러했다.

법원과 헌법재판소는 자연법을 인정하지 않지만,* 역사는 자연법이 허공에 뜬 이념이나 탁상공론이 아니라고 분명하게 증언한다. 자연법은 현실의 부정의를 극복하게 만드는 신념 체계이고 법사상이다. 자연법의 의미를 묻고 대답한다는 것은 어찌보면 인간은 누구이며, 국가는 무엇인가에 대한 문답과 일맥상통한다. 법의 이름으로 인간을 탄압하며 고통을 주는 법은 무엇이고, 정의는 무엇이며, 인간 존엄성을 실현할 법과 질서가 무엇인지 묻는 것이다.

자연법을 본다는 것, 이것은 바로 법의 형식적 문맥을 뛰어넘어 법의 본질을 관통해봐야 하는 불립문자不立文字 같은 것이다.

---

* 헌법재판소 1996. 11. 28. 95헌바1 등. 사형제도가 인간 생명권의 선험적이고 자연법적 권리를 침해해 위헌이라는 주장을 배척한 사안.

6장

아직도 범죄로 남아 있는
독립 투쟁

식민지 법정에 선 독립 투쟁 | 식민지 법을 해체하지 못한 역사의 법정 |
현재도 독립 투쟁가는 법적으로 유죄이다

고난의 시대를 의롭게 살려고 노력한 사람들은 후일 역사가 자신들을 심판하리라고 말하곤 한다. 과연 역사의 법정과 심판은 존재하는지 되돌아볼 필요가 있다. 일제강점기 폭압 시대에 숭고한 이념을 갖고 모든 것을 희생한 사람들의 넋두리요, 위안에 부치는 하소연에 불과하다고 치부할 수는 없다. 당시에는 법의 이름으로 생명을 잃고 정의가 짓밟혔으나, 세월이 흐르면 정의가 부활할 것이라는 희망 섞인 기대만으로는 부족하다. 식민지 해방 이후에도 끊임없이 법의 이름하에 자행된 탄압 속에서 역사의 법정과 심판이란 말이 되풀이된 어두운 과거도 마찬가지이다.

치욕의 역사에서 일제에 의해 법의 이름으로 독립운동가를 범죄자로 단죄한 오욕의 판결을 어떻게 해야 할지 지혜를 모아야 한다. 역사에서 후일 이루어진 평가 내용이 현실의 법정에서 정의의 기준이 될 수 있는지, 우리 관념 속 역사의 법정이 아닌 현실의 법과 법정에서 다시 정의를 부활시킬 수는 없는지 고뇌의 잔을 들 때가 되었다.

역사와 역사의 법정에서는 독립 투쟁의 아버지·어머니로 존경받는 사람이 법률 속에서는 여전히 범죄자이고, 범죄행위로 유효하게 남아 있는 모순과 간극에서 벗어날 방법을 모색해보려한다.

1. 식민지 법정에 선 독립 투쟁

식민지 법정에서는 모두 죄인이던 사람들, 빼앗긴 국가를 되찾기 위해 헌신했다 범죄자로 낙인찍힌 대표적 인물은 다음과 같다.

피고인 신채호(1880. 11. 7.~1936. 2. 21. 옥사)

- 죄명: 사기, 외국환 위조
- 재판: 징역 10년 선고
- 범죄 사실: 1928년 천진에서 재중국 한국인 아나키스트 대회를 개최하고, 적의 기관을 파괴할 것을 결의했다. 그 내용은 베이징 교외에 폭탄과 총기 공장을 건설할 것, 러시아·독일인 폭탄 제조 기사를 초빙하여 폭탄과 총기를 제조하고 이를 각국으로 보내 대관을 암살하고 대건물을 파괴할 것, 선전 기관을 설치하고 선전문을 인쇄하여 세계 각국에 배부 발송할 것

등이다. 신채호는 자금을 확보하기 위하여 우체국에 근무하던 임병문으로 하여금 위조한 외국환을 우체국에 서축하게 한 뒤 일본 등지에서 현금으로 인출한다는 계획을 세우고, 일본 고베 항 등을 경유하여 타이완 지룽항에 도착한 후 1만 2,000원의 현금 인출을 시도했다. 그러나 임병문이 체포되어 계획이 사전에 발각되었고, 대기하고 있던 형사에게 신채호도 체포되었다. 재판에서 신채호는 징역 10년을 선고받았다.*

이상이 단재 신채호의 범죄 사실 내용이다. 그는 재판 과정에서 사기 행각을 따지는 검사에게 민족을 위해서라면 도둑질을 할지라도 부끄러움이 없다고 말한 확신범이었다. 국내에서 애국계몽운동을 전개하다 1910년 망명한 이후 일본 천황에게 머리를 숙이지 않으려고 허리를 펴고 꼿꼿이 선 상태에서 세수를 해 상의를 온통 물로 적셨다는 일화가 있기도 하다.

그는 대한민국임시정부가 미국에 위임통치를 제안한 이승만을 대통령으로 추대하자, "이완용은 있는 나라를 팔아먹었는데, 이승만은 없는 나라를 팔아먹으려 한다"며 임시정부 독립 투쟁 노선을 비판하고, 임시의정원 위원장 자리를 사임하며 떠나기도 했다. 여순감옥에서 건강이 극도로 악화되어 친지들이 옛 친

---

* 이호룡, 〈신채호, 민족해방을 꿈꾼 아나키스트〉, 《내일을 여는 역사》 15호, 2002, 235~236쪽.

구이자 일가뻘인 친일파의 보증을 받아 가출옥하기를 청했으나, 친일파에 몸을 의탁할 수 없다고 단호히 거절하고 1936년 뇌일혈로 생을 마감했다.

피고인 윤봉길(1908. 6. 21.~1932. 12. 19. 총살)

- 죄명: 살인, 살인미수, 폭발물 취체벌칙 위반
- 재판: 사형선고
- 범죄 사실: 피고인은 수년 전부터 조선이 역사·풍속을 달리하는 일본의 통치 아래 있음을 불합리라 생각하고 조선 민족을 위해 그 독립을 회복할 것을 열망하고 있었는데, 드디어 조선 독립 투쟁에 진력하겠다는 목적으로 집을 나왔다. 1931년 5월 8일 상하이로 건너간 후 모자 공장 공원으로 취직하여 생계를 이어왔다. 1932년 4월 중순경 김구로부터 "참으로 독립 투쟁에 진력할 의사가 있다면 암살을 목적으로 하는 애국단원 대열에 참여시킬 터이니 일왕의 생일인 4월 29일 춘장절에 폭탄을 가지고 암살을 결행하라"는 제안을 받고 이를 쾌히 승낙, 육군 대장 시라카와와 육군 중장 우에다를 살해하기 위한 준비 자금으로 지폐 90달러를 받았다.

피고는 두 장군을 살해한다고 해서 조선 독립을 위해 직접적으로 효과가 없다 하더라도 조선인의 각성을 촉구하고, 딴 면으로는 세계의 여러 나라 사람들에게 조선의 건재함을 알릴

단재 신채호 선생과 상하이 한인애국단 본부에서 윤봉길 의사의 선서 장면.

수 있다고 생각하게 되었다.

이후 피고는 김구의 지시에 따라 애국단원으로서 기념 촬영
을 했으며, 폭탄 사용 방법도 배웠다. 관병식 관민 합동 축하
식 준비가 완료된 식장 모습을 정찰하고, 김구로부터 물통형
과 도시락형 두 개의 수류탄을 받아 물통형은 오른쪽 어깨로
부터 왼쪽 옆구리로 매고, 다른 한 개는 앞서 준비해두었던
보자기에 쌌다.

1932년 4월 29일 오전 8시경 신공원 축하식장 식단 왼편 뒤
쪽 일반 관람석에 자리 잡고 폭탄을 던질 기회를 노리다가,
국가인 〈기미가요〉 합창을 막 마치려 할 때 지금 폭탄을 던지

면 두 장군을 살해할 수 있다 판단하고, 어깨에 걸어두었던 물통형 수류탄을 내려 발화용 끈을 잡아당기는 동시에 식단 가까이 돌진하여 단상을 향해 수류탄을 던져 이를 폭발하게 했다. 이로 인하여 시라카와에게 치료 일수 4주간의 폭탄 파편창을, 우에다에게 치료 일수 6주간의 좌족 폭창상 등을 입히고, 상하이 거류민단 행정위원회 위원장인 가와바다 오른쪽 가슴에 흉막강을 꿰뚫는 창상으로 흉막강 안에 출혈로 사망케 했다.*

윤봉길 의거의 상황과 결과는 서방 각국으로도 즉시 타전되어 세계를 놀라게 하고 감동시켰다. 중국인들도 모두 찬탄하는 가운데 장제스 총통은 "백만 중국 군대가 못 한 일을 고려 청년 한 사람이 해냈으니 장하다"고 찬사를 보냈고, 중국 측이 한국 독립 투쟁에 지원을 아끼지 않는 국면 대반전을 만들어냈다. 그는 두 아들에게 조선을 위해 용감한 투사가 되라는 유언을 남기고 25세 나이에 총살로 이승을 떠났다.

피고인 유관순(1902. 12. 16.~1920. 9. 28. 옥사)

- 죄명: 보안법 위반, 소요죄

---

* 〈윤의사 판결서 옥중 청취서〉, 《나라사랑》 25, 1976, 204~209쪽. 일부 단어는 현대어로 수정했고, 일부 내용을 발췌 편집함.

유관순 열사의 수형기록표 사진.

- 재판: 1심 징역 5년, 항소심 징역 3년
- 범죄 사실: 피고 유관순은 경성 이화학당 생도인바, 대정 8년 3월 1일 경성에서 손병희 등이 조선 독립선언을 발표하고 단체를 만들어 조선 독립 만세를 외치며 각처를 행진하면서 독립 시위운동을 벌이고 있음을 보고 동월 13일 귀향, 4월 1일 충청남도 천안군 갈전면 병천並川 시장 장날을 이용하여 조선 독립 시위운동을 전개할 것을 꾀했다. 피고는 자택에서 태극기를 만들어 이를 휴대하고 동일 하오 1시경 동 시장으로 나아가 그곳에서 수천 명의 군중 단체에 참가하여 태극기를 휘두르며 조선 독립 만세를 외치고, 독립 시위운동을 감행하여

치안을 방해했다.

유관순은 고향인 병천 아우내 장터에서 4월 1일(음력 3월 1일) 만세 운동을 조직하고, 직접 만든 태극기를 나누어주며 연설과 함께 독립 만세를 외치는 과정에서 일제의 총탄에 아버지, 어머니를 잃었다. 서대문 감옥에서도 1920년 3월 1일 옥중 만세 시위를 주도해 모진 매와 고문 끝에 방광 파열로 19세의 꽃다운 나이에 순국했다.

신채호, 윤봉길, 유관순이 독립 투쟁을 이유로 유죄판결을 받아 법률상 범죄자가 된 사실은 수많은 독립 투쟁가가 받은 유죄판결 중 빙산의 일각일 뿐이다. 나라를 되찾기 위해 모든 것을 내던진 숭고한 희생이 법의 이름으로 더럽혀졌다. 범죄자로 낙인찍히고, 죽음과 고통도 당연히 감내해야 할 합법적 형벌로써 단죄되었다.

하지만 대한민국 국민은 아무도 독립운동을 범죄행위라고 보지 않는다. 정당하고도 정의로운 행위였다고 판단하기 때문이다. 정당한 행위 또는 정의로운 행위란 어떤 것인가는 대단히 중요한 가치 판단의 문제이지만 동시에 법의 문제이기도 하다. 법률의 형식적 존재라는 관점에서는 정해진 법규를 위반한 부적법한 행위라도, 법 내용의 실질적 관점에서는 정당한 행위나 정의로운 행위가 존재할 수 있다. 거꾸로 이들을 단죄한 법 자체가 무효이고 현실에 적용될 수 없는 법이라면 정당하고 정의로운 행위인지 여부를 따져볼 필요도 없이 합법적 행위가 된다.

3·1운동 과정 중 일제의 총칼에 사망한 7,509명은 또 어떠한가. 단지 독립 만세를 불렀다는 이유만으로 형식적이고 무의미한 재판일지라도 그 재판조차 없이 학살당했다. 일본은 아직도 조약이 합법이라며, 식민지 지배의 불법성을 부인하고 있다. 결국 일본 주장에 따르면 독립운동가들의 행위는 현재 시점에서 판단해도 여전히 범죄행위에 해당하고, 유죄는 당연하다는 결론이 도출된다. 이렇게 지금까지 독립 투쟁가에 대한 유죄판결을 그대로 방치하는 것은 일본의 주장에 본의 아니게 동의하고 있는 어이없는 결과를 초래하고 있다.

2. 식민지 법을 해체하지 못한 역사의 법정

조선귀족령과 친일 매국노

식민지 시대에 일제는 국가와 민족을 팔아먹은 자들에게 신성한 천황의 충성스러운 부하임을 확인하는 수단으로 '조선귀족령'을 만들고 시행했다. 이에 따라 조선 귀족으로 최종 선정된 76명은(후작 6명, 백작 3명, 자작 22명, 남작 45명) 이씨 왕족의 혈족 등과 공로자였다. 대표적으로 백작 이완용, 자작 고영희·민병석·박

1912년 조선귀족회관의 모습.

제순·윤덕영·이병무·조중응은 강제병합조약 당일 어전회의
에 참석한 경술국적庚戌國賊이고, 고영희·이병무·조중응은 정
미조약, 박제순은 을사늑약 당시의 내각 대신으로 을사오적·정
미칠적이다. 그중에서도 이완용은 을사늑약·정미조약·합병조
약에 모두 관여하고 협력했다. 일제는 이들에게 귀족 작위와 함
께 천황의 은사금을 지급했다.*

　조선 귀족에 포함되지 못한 일부는 아쉬움을 달래며 추가로
조선 귀족이 될 기회를 기대했고, 조선 귀족으로 작위를 받은

---

* 이용창, 〈일제강점기 '조선귀족' 수작 경위와 수작자 행태〉, 《한국독립운동사연구》 43, 한국
　독립운동사연구소, 2012, 357쪽. 76명 중 작위 수여와 은사금을 거부한 사람은 8명이고,
　대표적인 사람이 유길준, 한규설 등이었다.

자들은 기뻐서 어쩔 줄 몰라 춤을 추기도 하고, 일부는 밤낮으로 잔치를 열었다. 심지어 이를 가문의 영광으로 여기며 선소의 묘소에 가서 작위를 받았음을 조상에게 고하는 의식을 거행하기도 했다.**

조선귀족령은 식민 지배를 효율적으로 하기 위한 수단이었으며, 친일 매국노를 이용해 조선 민족이 일제에 자발적으로 동의하고 협조한 것처럼 위장하기 위한 교활한 법이었다. 물론 조선 귀족 역시 지배계급 최상위에 올라선 것은 아니었다. 일제 국민으로 법적 지위를 인정받은 것도 아니었다. 그들 역시 식민지 전체 법 구조상 여전히 천황과 천황을 대신한 총독의 지배 아래 있는 자들이었다. 그럼에도 불구하고 이들은 현실적 권력과 부를 장악할 수 있는 지위를 얻은 데 뛸 듯이 기뻐했던 것이다.

거꾸로 해체당한 반민족행위처벌법

하지만 결국 긴 어둠 끝에 새벽이 오고, 일제 식민지로부터 해방의 날이 밝았다. 해방의 빈 공간에 미군은 해방·점령군으로 들어왔다. 우여곡절 끝에 1948년 7월 17일 제헌헌법이 제정·공포되었고, 제헌헌법 제101조는 "이 헌법을 제정한 국회는 단기 4278년(1945년) 8월 15일 이전의 악질적인 반민족 행위를 처

** 이용창, 같은 논문, 355·358·359쪽에서 발췌.

벌하는 특별법을 제정할 수 있다"고 규정했다.

이에 따라 법률 제3호로 1948년 9월 22일 '반민족행위처벌법'(이하 반민법)을 제정·시행했는데, 그 주요 내용은 한일합병에 적극 협력한 자, 한국 주권을 침해하는 조약 또는 문서에 조인한 자(제2조), 일본 정부로부터 작(귀족)을 수한 자 또는 일본 제국의회 의원이 되었던 자(제3조), 일본 치하 독립운동자나 그 가족을 악의로 살상 박해한 자(제3조) 등을 처벌하는 내용이며, 이를 위해 특별조사위원회(특별검찰 포함, 이하 반민특위) 및 특별재판부를 설치하고, 부칙 제29조에서는 공소시효를 법 공포일로부터 2년으로 규정했다.

일제강점기의 법률이 일제 천황에 대한 절대복종과 충성을 요구하는 도구였던 반면, 반민법은 천황충성법을 청산·해체하기 위한 역사 바로 세우기였다. 예컨대 조선귀족령처럼 법의 이름으로 왜곡한 역사를 법의 이름으로 해체하는 것이었다.

친일·반민족 행위자를 처벌하는 문제는 새로운 국가 수립에 절대적으로 필요한 정통성과 정체성을 확립하는 문제였다. 국민 분노와 양심에 대한 응답이며, 민족 자존감과 자주성 회복을 위해 반드시 매듭지어야 할 문제였다.

그러나 이승만 대통령과 정부는 친일·반민족 행위자 처벌 필요성에 대해서는 마지못해 동의하면서도 국민 총화 단결, 인재 부족, 민족 분열 등의 논리를 펴며 반민특위 활동을 방해하

〔표1〕 반민특위 활동 방해 행위*

일시	주체 등	주요 내용
1948. 9. 3.	이승만	반민법에 대해: "지금 국회에서 많은 사람이 선동되고 있으니 (…) 이런 문제로 민심을 이산시킬 때가 아니다. (…) 지혜로운 남녀 동포들은 무익한 쟁론을 피하고 조용히 방식을 연구[하는 것이] 좋을 줄로 생각한다."
1948. 9. 24.	이승만	"반민자 처벌은 민의, 법 운영은 보복보다 개과천선토록 하라."
1948. 10.	친일 세력	군중집회 및 시위, 협박, 테러, 감금 기도, 노덕술 등의 반민특위 위원 암살 기도.
1949. 1.	이승만	일제강점기 독립운동가를 고문한 경찰 노덕술 체포에 대해: "노덕술이 경찰의 기술자이며, 경험자이므로 그를 제거하고는 국가의 치안을 유지하기 어렵다." 이후 이승만은 반민특위 위원 6명을 불러 노덕술 석방을 직접 요청함.
1949. 2. 2.	이승만	반민특위 활동에 대해 여순 사건 발발 후: "좌익 세력이 활동하고 있는 상황에서 경찰의 기술이 아니면 사태가 어려워질 것이며, 이들이 반공 투쟁을 통해 장공속죄將功贖罪하도록 해야 한다."
1949. 2. 15.	이승만	"특위 활동은 삼권분립에 모순되므로 헌법을 위반한 것이며 (…) 치안이 동요되므로 특경대를 해산하여 특위조사위원에 의한 체포·구금을 막아야 한다."
1949. 4. 15.	이승만	특위 활동 중지와 특경대 해산.
1949. 6. 6.	경찰	중부경찰서 서장 등 경찰 50여 명이 반민특위를 습격하여 특위 직원 구타, 무장해제, 서류 탈취.

* 서희경, 〈이승만의 정치 리더십 연구 – 반민법 제정과 반민특위 활동을 중심으로〉, 《한국정치학회보》 45(2), 2011, 62~68쪽 내용 발췌.

고, 끝내 해산시켰다.

이승만 대통령이 반민특위에 대해 적대적 행동을 보이고 1949년 2월 15일 "반민특위 활동은 삼권분립에 모순되어 위헌"이라는 담화까지 발표하자 대통령의 뜻을 받든 경찰은 반민특위를 습격해 공중분해를 시도했고, 결국 국회는 1949년 10월 4일 특별검찰부, 특별재판부를 폐지함으로써 반민특위를 소멸시켰다.

그리하여 노덕술 같은 일제강점기 악명 높은 친일, 고문 경찰까지 아무런 처벌을 받지 않고 경찰로 복귀할 수 있었다. 이승만이 반공투사라고 극구 치하하며 반민특위에 석방을 지시한 노덕술은 부산의 동맹휴교 사건과 관련해 이른바 치안유지법 위반자를 수사하는 과정에서 세 명을 고문 살해하는 등 독립 투쟁가에 대한 가혹한 고문 업적으로 출세한 자였다. 그는 반민특위의 처벌 대상으로 수배령에 쫓기던 중 테러리스트와 공모해 반민특위 검찰관, 재판관 등을 암살하려다가 테러리스트 백민태의 자수로 미수에 그치기도 했다.

하지만 이승만 대통령이 반민특위 해체 근거로 말한, 특위 활동은 삼권분립에 모순되어 헌법위반이라는 주장은 법적으로 허용될 수 없는 것이었다. 반민특위는 앞서 설명한 것처럼 제헌헌법 제101조에서 1945년 8월 15일 이전의 악질적 반민족 행위를 처벌하는 특별법을 제정할 수 있다는 근거에 의해 만들어진 것이다. 이 헌법 규정은 주권자인 국민의 결단이고, 국민의 합의 결과이기 때문에 헌법의 개별 규정은 헌법위반 대상이 될 수 없다.* 따라서 헌법위반이라는 주장은 논리적·원초적으로 성립할 수 없는 말이다.

게다가 이는 이승만 대통령 자신이 친일파 청산이라는 원칙에 동의한 사실과도 모순되는 주장이다. 이승만은 결국 정치적·정략적 이유로 반민특위를 해산시키기 위해 헌법위반이라는 법리를 억지로 끌어다 붙인 것이다. 법의 이름으로 왜곡된 역사를 해체하기 위해 만든 법은 권력에 의해 거꾸로 해체되어버렸다. 이로 인해 민족과 국가를 팔아먹고 호의호식한 자들은 '천국 티켓'을 선물로 받고, 면죄부를 얻었다.

친일·반민족 행위자 처벌이 좌절된 근본적 이유는 무엇일까? 단순히 이승만 대통령의 반역사적·반민족적 방해 책동 때문이었다고 말하는 것만으로는 부족하다. 강정구 전 동국대학교 사회학과 교수는 미군이 점령 정책으로 일반명령 제1호를 통해 일제 식민 통치 기구를 존속시키고, 식민지 조선의 지주·자본가 계급 및 식민지 관료 집단과 동맹·유착을 통해 친일 세력을 인적 구성원으로 활용하며 보호 육성한 데 근본적 원인이 있다고 분석한다. 식민지 경찰은 남북을 통틀어 2만 명 정도

* 헌법재판소 1996. 6. 13. 94헌마118 등.

였고, 조선인은 약 40%로 8,000명 정도였는데, 전직 식민지 경찰 중 미군정에 약 5,000명이 재기용되었고, 경찰 간부 80%가 일본 경찰 또는 군대 출신이었다. 또한 미군정 아래 9개 연대장이 모두 일제에 충성을 서약한 일본군과 만주군 출신이었다.* 미군정의 인적자원을 고스란히 물려받은 이승만 정권이었으니 친일파 청산은 애초에 좌절될 수밖에 없었다.

나치 및 비시 정권 청산

대한민국이 친일·반민족 청산에 실패한 것은 제2차 세계대전 당시 프랑스 비시 정권 부역자에 대한 청산과 비교되곤 한다. 프랑스 비시 정권은 나치 독일의 침략에 사실상 항복하면서 1940년부터 1944년 9월 연합군에 의해 파리가 해방될 때까지 명목상 자치 정부로 존재했다. 비시 정권은 히틀러 정권을 지지하고 나치에 막대한 물자 지원, 유대인 강제 이송, 레지스탕스 체포 등을 자행한 괴뢰정부였다.

샤를 드골의 자유 프랑스 정부는 출범 후 나치 독일에 협력한 자를 처벌하기 위해 '부역행위처벌에 관한 명령' 등을 제정·시행했다. 이에 따라 7,000여 명이 사형선고를 받아 그중 1,500명이 사형 집행되었고, 1만 명 넘는 부역자가 공직에서 추방되었

---

* 강정구, 〈친일파 청산의 좌절: 그 원인과 민족사적 교훈〉, 《한국사회학》 27, 1993.

1949년 반민특위 재판 공판 모습.

다. 재계에서는 1,500여 명의 주요 경영자가 추방되었고, 기업
은 몰수되었다. 그 외에도 정식재판을 거치지 않고 약식으로 처
형된 사람이 1만여 명에 이른다고 전해진다.

반면, 반민특위는 총 682명을 조사하는 데 그쳤고 그중 41명
만이 특별재판부에서 재판을 받았는데, 실형을 받은 자는 15명,
사형과 무기는 2명에 불과했다. 실형자도 대부분 고등계 형사
들이었고, 핵심 반민 피의자는 무죄 또는 병보석으로 모두 석방
되었다.**

프랑스의 나치 독일 협력자에 대한 숙청과 처벌을 일제 식민
지 친일파 청산과 단순 비교하는 것은 역사적 조건과 기간 등에

** 　이강수, 〈반민특위 특별재판부의 조직과 활동〉, 《한국근현대사연구》 25, 2003, 531쪽.

비추어 무리가 있을 수 있다. 그렇다 하더라도 해방 이후 친일파 청산 경과와 내용을 보면 빼앗긴 나라를 찾기 위해 모든 것을 희생한 독립 투쟁가 얼굴을 쳐다볼 수 없는 참담한 수준이었다는 것은 분명하다.

독일은 제2차 세계대전 후 나치 청산을 위해 '국가사회주의 및 군국주의로부터 해방을 위한 법률'을 제정해 비밀 정보기관, 경찰, 나치당, 나치당 산하의 단체는 물론이고 공무원, 경제계 및 자유직업, 법조인 등도 일정 지위에 있었던 자는 모두 숙정 대상에 올렸다. 해방 이후 역사 바로 세우기 법으로 제정된 반민법보다 훨씬 포괄적이고 광범위한 청산 대상이었다.

좌우익으로 나뉜 혼란스러운 정치 상황이었다는 현실을 감안하더라도 우리는 왜 과감한 과거 청산을 할 수 없었는지 고민해야 할 의무가 있다.

3. 현재도 독립 투쟁가는 법적으로 유죄이다

반민특위가 실제 1년도 활동하지 못하고 해체된 후 많은 세월이 흘렀다. 2005년 '일제강점하 반민족행위 진상규명에 관한 특별법'과 '친일반민족행위자 재산의 국가귀속에 관한 특별법'이 제정되어 식민 통치에 협력하고, 우리 민족을 탄압한 반민족

행위자가 친일 반민족 행위로 축재한 재산을 국가에 귀속시키는 성과가 있었고,* 역사의 진실과 개인 명예에 대한 상징적 조치가 일부 이루어졌다.

하지만 식민 지배법의 원천 무효나 불법성에도 불구하고 독립운동을 하다 일경에 의해 검거된 이들은 여전히 범죄자로, 유죄판결을 받은 자로 기록이 남아 있다. 이제 이런 오욕의 판결을 청산해야 한다. 법규범 관점에서 식민주의 법을 청산하는 길은 독립 투쟁가를 범죄자로 인정한 일제강점기 유죄판결을 해체하는 작업이다.

그러기 위해서는 역사의 법정을 현실의 법정으로 이끌어내야 한다. 해체에 필요한 법 논리는 여럿이다. 을사늑약이 원천 무효이고, 국제법상 문명론 주장은 허구 논리인데다가, 민족이 조국을 가질 권리에 의한 정당한 전쟁이자 자연법에 근거한 투쟁이었으며, 민족의 의사에 반한 천황충성법 적용은 인류에 반하기 때문 등을 들 수 있다.

일제 강제 병합 전후부터 해방되기까지 일제에 의해 자행된 독립 투쟁가에 대한 유죄판결을 다시 직권으로 재판해야 한다.

---

* 친일 반민족 행위자 송병준, 민영휘, 이정로 등의 후손은 '친일반민족행위자 재산의 국가귀속에 관한 특별법' 소급입법에 의해 재산권을 박탈하는 것은 과잉금지원칙에 위반하는 것이므로 위헌이라며 헌법 소원을 제기했다. 헌법재판소는 중대한 공익상의 사유가 소급입법을 정당화하는 경우에는 헌법에 반하지 않고, 과잉금지원칙에 위반되지 않는다고 판단했다(헌법재판소 2011. 3. 31. 2008헌바141 등).

현행 형사소송법의 재심*과 유사한 방식을 취하는 것이다. 현행 형사소송법과는 다른 절차와 방식을 취해 특수성을 반영해야 하는 것은 물론이다. 특별재판부를 설립하고, 법률 지식만으로 무장한 법률가들에게 판결을 맡기는 대신 역사학자, 국제법학자가 법조인과 함께 참여해 그동안 밝혀진 역사적 사실과 새롭게 무장한 법 지식으로 다시 판결하는 것이다. 단순히 일제강점기 독립 투쟁가에 대한 유죄판결이 무효라고 선고하는 것을 넘어 정치精緻한 법 이론을 확립해 선고해야 한다.

일제강점기 국민징용령에 의해 강제징용되어 일본 회사에서 강제 노동에 종사한 사람이 국제법 위반 및 불법행위를 이유로 손해배상금 지급을 청구한 사안에서, 대법원은 "대한민국헌법의 규정에 비추어볼 때 일제강점기 일본의 한반도 지배는 규범적인 관점에서 불법적인 강점에 지나지 않고, 일본의 불법적인 지배로 인한 법률관계 중 대한민국의 헌법 정신과 양립할 수 없는 것은 그 효력이 배제된다고 보아야 한다"고 판시했다.**

판시 내용에 한일병합조약이 원천 무효이기 때문에 국민징용령 역시 원천 무효라는 더 근본적 판단 이유 등이 없는 점은 아쉬우나, 일제의 식민지 지배가 합법적이라는 일본의 규범적 판

* 형사소송법에서의 재심은 유죄 확정판결을 받았으나, 증거가 위조된 것이거나 수사기관의 고문 등 범죄행위가 있다고 밝혀진 경우 정의 회복을 위해 다시 재판하는 제도이다.
** 대법원 2012. 5. 24. 선고 2009다68620.

단을 정면으로 부정했다는 점에서 이 판결은 의미가 있다. 일제 식민 지배 법률에 대해 국내법적으로 어떻게 판단해야 할지 그 논거의 일부를 제시하는 것으로 평가되기 때문이다. 식민 지배는 좁게 보면 우리 역사와 법 문제이다. 넓게 보면 인류에 대한 범죄와 법에 대한 문제로서 보편타당한 인류 문화 진보와 관련된 일이기도 하다. 이제 우리는 인류의 보편적 법 논리와 전통을 만들어야 한다.

식민 제국주의 법 청산의 길

역사의 법정은 단순히 독립 투쟁가의 명예를 회복하는 상징적 재판에 그치는 것이 아니라, 국가와 민족의 정체성을 새롭게 세우고 뿌리내리는 법적 작업을 구체화해야 한다. 이러한 법적 조치는 일제 침략과 식민지 법에 대해 국내외에 분명한 법적 의사표시를 하는 것이며, 식민지 법을 무효로 만들기 위해 새로운 틀을 만들어가는 법의 과제이다. 이는 한일 식민지 잔재 청산을 넘어서 식민주의 전반의 청산을 위한 법적 틀을 마련하고, 유엔과 국제사회에서 식민 제국주의를 청산하는 길을 모색하는 첫걸음이기도 하다.

제2차 세계대전이 끝난 후 뉘른베르크 전범재판과 도쿄 전범 재판 등에서 승전 연합국은 식민 지배 자체를 문제 삼지 않았다. 승전 연합국은 제2차 세계대전의 피해자이기도 했지만, 동시에 세계대전 와중에도 전 세계에 걸쳐 여전히 수많은 식민지를 거느린 제국주의 국가였다. 즉 승전 연합국은 나치 독일과 일제에 의한 피해자인 동시에 전 세계 식민지에 대해서는 가해자였던 것이다. 이런 이유로 전범재판을 가해자가 가해자를 재판한 것이라고 냉소적으로 표현하는 사람도 있다.

따라서 승전 연합국은 식민 제국주의 치부가 온 천하에 공개될까 봐 식민지 지배를 문제 삼으려 하지도 않았고, 그 결과 전범재판 대상이 되지도 않았다. 일제가 한국을 식민지로 혹독하게 지배한 범죄는 도쿄 전범재판에서 재판 대상으로 다뤄지지 않았고, 일제는 면죄부를 받았다.

제2차 세계대전이 종료되었지만 식민지를 지배한 제국주의 승전 연합국가 어디도 제국주의 침략에 의한 식민 지배에 대해 법적 책임을 인정한 사실이 없다. 과거 식민 제국주의 불법성을 결정하는 국제사회 규범을 만든 사실도 없다. 여전히 과거 식민지 지배가 합법이었다는 것이 열강의 기본 입장이다.

식민주의를 극복하지 않고는 전 세계의 힘없는 민족과 국가를 상대로 자행한 만행과 살육의 역사를 극복할 수 없다. 친일·반민족 청산을 넘어 식민주의 청산을 해야만 하는 이유이다.

소극적 측면에서 보면, 식민주의 법 청산은 일제강점기부터 시작해 현대사 전반에 걸쳐 왜곡된 실정법 만능주의와 권위주의를 극복하는 것이다. 적극적 측면에서 보면, 식민 분단을 극복해 민족 통일을 이룩하고, 자유·평등을 온전히 구현하는 성숙한 민주주의를 만들어가는 것이다.

과거 청산은 진실을 마주하는 일이다. 은폐되고 왜곡된 역사를 바로잡는 일이다. 진실을 밝히고, 시시비비를 가리고, 희생자와 피해자의 명예를 회복하는 일이다. 역사의 범죄가 미래에 반복되지 않도록 기억과 투쟁하는 일이다.

기존의 식민 청산 작업은 오로지 가해자인 친일파를 처벌하는 데 초점을 두고 이뤄졌다. 정작 조국을 위해 헌신한 피해자인 독립 투쟁가의 억울한 처벌을 풀어주는 청산이 아니었다. 아직까지 유죄로 남아 있는 독립 투쟁가를 다시 역사의 법정에 세워 심판하는 것은 유엔의 '피해자 중심적 접근 원칙'에 따라 당연한 일이다. 독립 투쟁을 하다 희생된 이들이 법의 이름으로 여전히 범죄자로 남아 있는 이 모순과 간극을 역사의 법정에서 극복해내는 날을 기다린다. 미완의 역사를 거울삼아 미지의 역사에서 우리는 아직도 해체하지 못한 식민지 법을 새롭게 해체해야 한다.

역사의 법정에 선 법

제2부

법이 공정하다는 착각

헌법의 눈물

1. 권력자의 눈에 비친 헌법

국가의 얼굴 헌법

2016년 박근혜 당시 대통령의 국정농단에 분노해 시민들이 일으킨 촛불항쟁에서는 "이게 나라냐"는 구호가 터져 나왔다. 국가와 최고 권력자는 어떤 얼굴과 가슴을 지닌 존재여야 하는가에 대한 국민 대다수의 고민과 분노의 함성이었다. 박근혜 대통령 한 명을 향한 목소리가 아니라, 우리 헌정사를 관통하는 질문이며, 국민 스스로에 대한 질문이고 각성이었다.

국가의 얼굴을 들여다볼 수 있는 거울이 바로 헌법이다. 속마음까지는 들여다볼 수 없지만, 적어도 외부에 드러난 모습은 볼 수 있다. 헌법은 국민이 희망하는 국가 모습의 주요 골격을 그린 기본 설계도라 할 수 있다. 헌법의 뼈대는 국가권력을 어떻게 구성·조직하며 통제할 것인지, 국가가 보호하고 지켜야 할 국민의 권리는 무엇인지에 대한 내용으로 구성되어 있다. 헌법은 국가권력의 원초적 근거를 담고, 인간의 존엄성을 담보하는 존재이다. 헌법을 '최고규범' 또는 '근본규범'이라고 부르는 이유다.

근대 입헌주의의 핵심 내용은 권력분립과 통제, 기본권(인권) 보장이다. 프랑스 인권선언도 근대 입헌주의의 본질을 권력분립과 권리 보장으로 보고 있다. 헌법은 현재의 권력과 국민의 권리를 규정하고 있지만, 동시에 국가권력이 나아가야 할 미래를 제시하는 나침반 구실도 한다. 그리고 국가의 기본 뼈대를 이루는 근본규범이기 때문에 그 필요성과 중요성은 아무리 강조해도 지나침이 없다.

헌법에 국민 희망과 요구 사항 모두를 넣는 것은 불가능하기 때문에 국가와 국민에게 가장 중요한 핵심 내용만 담을 수밖에 없다. 그리고 헌법이 규정하는 핵심 내용을 실천하기 위해 국민이 선출한 국가기관인 입법부 국회에서 법률을 제정한다.

헌법이 기본 설계도라면, 각 법률은 기본 설계도에 따라 현장에서 실제 공사를 수행하기 위한 구체적 '실시 설계도'와 같은 것이다. 예컨대, 헌법의 평등권 및 인간다운 생활을 할 권리 보장을 위해 국회가 '국민기초생활보장법'을 제정해 최저생계비 이하 소득의 저소득층 기초 생활을 보장하는 것이다.

헌법은 기본 설계도이기 때문에 완성된 집이 아니다. 앞으로 계속 완성해나가야 할 우리 모두의 집에 해당한다. 이 세상에 완벽한 것은 없다. 인간과 제도, 국가 모두 불완전하며, 모두의 지혜를 모아서 만드는 헌법 역시 완벽할 수 없다. 구체적으로 헌법의 얼굴과 모습을 그려가며 완성하는 것은 여전히 사유와 실천 대상으로 남아 있을 수밖에 없다. 그리하여 헌법이 규정하는 절차에 따라 국민의 요구와 시대 변화에 맞게 헌법을 개정할 수도 있다.

권력자에 의한, 권력자를 위한 헌법 개정은 위헌

1948년 7월 17일 임시정부의 법통을 계승해 대한민국헌법이 제정되었다. 한반도 남쪽에서만 실제 효력을 가진 이 법은 이후 아홉 차례에 걸쳐 개정됐다. 헌법을 만들 수 있는 힘 '헌법제정권력'과 헌법을 개정할 수 있는 힘 '헌법개정권력'을 가진 주체는 국가의 주인인 국민이다. 이른바 국민주권주의이다.

그렇다면 우리나라 헌법 개정은 대한민국 주권자인 국민의 요구에 따라, 국민 의사와 합의에 따라 이루어져 왔는가? 그렇다고 말하기 어렵다. 아홉 차례에 걸친 헌법 개정에서 주요 핵심 내용은 권력 구조를 둘러싼 개정이었는데, 간략하게 살펴보면 [표2]와 같다.

아홉 차례에 걸친 헌법 개정은 대부분 권력 구조 개편을 둘러싼 내용이다. 물론 기본권 등 다른 내용도 포함하지만, 핵심은 권력 장악이었다. 1차 개헌은 국회에서 선출하던 대통령을 국

〔표2〕 헌법 개정과 주요 내용

개헌	일시	주요 내용	비고
1차 개헌	1952. 7. 7.	대통령, 부통령 직선제	발췌 개헌
2차 개헌	1954. 11. 29.	대통령 3선 연임	사사오입 개헌
3차 개헌	1960. 6. 15.	내각책임제, 기본권 강화	4·19의거
4차 개헌	1960. 11. 29.	반민주 행위자 처벌 소급입법	소급입법 개헌
5차 개헌	1962. 12. 26.	대통령 중심제 부활	5·16 군사 쿠데타
6차 개헌	1969. 10. 21.	대통령 3선 연임	3선 개헌
7차 개헌	1972. 12. 17.	통일주체국민회의 신설, 대통령 간선, 긴급조치권, 국회해산권, 국회의원 3분의 1 추천권 등	유신 궁정 쿠데타
8차 개헌	1980. 10. 27.	대통령선거인단 간선, 7년 단임	12·12 군사 반란, 5·17 내란
9차 개헌	1987. 10. 29.	대통령 직선제, 5년 단임	6월 민주항쟁

민의 직접선거 선출 방식으로 바꾸는 것이었고, 2차 개헌은 이승만 대통령의 3선 연임을 위한 것이었다. 4·19의거에 의해 이승만 대통령이 하야하고 이루어진 3차 개헌은 의원내각제를 채택했으나, 5·16 군사 쿠데타를 일으킨 박정희 등에 의해 실시된 5차 개헌은 대통령 중심제로 다시 환원했다.

6차 개헌은 박정희 대통령의 3선 연임을 위한 것이었고, 7차 개헌은 박 대통령의 영구 집권이 가능하도록 만든 것이었다. 8차 개헌은 12·12 군사 반란과 5·17 내란을 통해 권력을 장악한 군부가 대통령선거인단의 간접선거로 대통령을 뽑기 위해 헌법을 개정했으며, 9차 개헌은 대통령 직선제 복귀였다.

헌법은 헌법 개정 절차를 포함한다. 대다수 헌법은 일반 법률 개정보다 헌법 개정 절차를 더 어렵게 만들어 헌법 가치와 질서를 수호하려 한다. 헌법학자들이 말하는 경성헌법硬性憲法이다. 현행 헌법 역시 국회의원 3분의 2 이상 찬성과 국민투표자 과반수 찬성을 개헌 의결정족수로 규정하고 있어 경성헌법으로 분류한다.

헌법은 최고규범이고 근본규범이기 때문에 헌법에서 정한 절차를 따르지 않은 개헌은 헌법위반이다. 따라서 위와 같은 권력 구조 개헌이 당시 헌법에서 정한 절차를 준수하며 합헌적으로 이루어졌는지 살펴볼 필요가 있다.

제헌헌법은 헌법 개정을 하려면 대통령이 10일 이상 공고를 하도록 규정했는데, 1차 개헌은 헌법에서 정한 헌법 개정 사전 공고를 전혀 이행하지 않은 헌법 절차 위반이었다. 당시는 국회 의석 분포로 보아 이승만 대통령이 재선될 가능성이 거의 없었다. 그러자 여당은 땃벌떼·백골단 등 정치 깡패 등을 동원해 국회 해산을 요구하는 관제 데모를 벌이며 국회를 습격했고, 이승만 대통령은 비상계엄을 선포하고 국회를 해산하겠다며 협박했다. 심지어 계엄군 공병대는 국회의원 30여 명이 탄 버스를 크레인으로 통째로 끌고 가 국회의사당 안에 국회의원을 감금하고, 기립 투표 방식을 통해 개헌안을 통과시켰다. 이른바 한국전쟁 와중에 일어난 '부산정치파동'이다.

2차 개헌은 이승만 대통령의 3선 연임을 위해 '초대 대통령에 한해 3선 금지 조항을 적용하지 않는' 내용으로 헌법 부칙을 개정하려 한 것이었다. 당시 헌법은 헌법 개정 의결에 재적 의원 3분의 2 이상의 찬성이 필요했는데, 국회 투표 결과 재적 의원 203명 중 3분의 2 이상인 136표에서 1표가 부족한 135표 찬성 결과 개헌안은 부결 선포되었다. 그러자 어용학자들을 동원해 초등학생도 알고 있는 3분의 2 '이상'이라는 원칙에 반하는 주장이 펼쳐지는 진풍경이 연출되었다. 재적 의원 203명의 3분의 2는 135.333인데, 0점 이하의 숫자는 1인이 되지 못하므로 사사오입하면 135이고, 따라서 의결정족수는 135이기 때문에 헌법 개정안은 가결된 것이라고 기존 부결을 번복하며 가결 동의안을 강행 통과시켰다. 2차 개헌은 의결정족수 산정을 자의적으로 계산한 헌법위반이었다.

5차 개헌은 박정희가 주도한 5·16 군사 쿠데타 세력 집권을 위한 것이었다. 쿠데타 세력은 계엄을 선포하고 군사혁명위원회(국가재건최고회의로 개칭)를 구성해 각종 악법을 양산하며 3년간의 군정 실시로 권력을 장악한 후 집권을 위해 대통령 중심제로 헌법을 개정했다. 4·19의거로 제정된 당시 헌법은 헌법 개정을 하려면 대통령 또는 재적 의원 3분의 1 이상 찬성이 필요하

5월 16일 오전 9시경, 군사 쿠데타 직후 중앙청 앞에서 박정희와 이낙선, 박종규, 차지철의 모습.

며, 대통령이 30일 이상 공고한 후 재적 의원 3분의 2 이상 찬성으로 가결하도록 규정했다. 하지만 5·16 군사 쿠데타 세력은 헌법 개정 절차를 전혀 지키지 않았고, 헌법을 위반해 국민투표 방식으로 개정했다.

5·16 군사 쿠데타를 일으킨 박정희는 김종필에게 지시해 비밀 계획을 수립했다. 군인들이 혁명 과업을 계속하기 위해서는 선거에 출마해 군정 이후에도 정권을 장악해야 하고, 정당을 만들고, 새 헌법과 선거제도를 고안해야 한다는 내용이었다. 이 구상에 따라 공화당 창당 작업이 비밀리에 진행되었다. 법령에 근거도 없고 국민대표도 아닌 국가재건최고회의에 헌법

심의위원회를 만들어 헌법을 제정했으며, 국민 참여는 원천 봉쇄되었다.

6차 개헌은 박정희 대통령의 3선 연임을 위한 것이었으며, 7차 개헌 유신헌법은 박 대통령의 영구 집권이 가능하도록 계엄을 선포하고, 국회를 해산시키는 등 초법적 권한을 자행하면서 만든 헌법이었다. 유신헌법에서 대통령 권한은 삼권분립을 무의미하게 만든 사실상 '신군주제 부활 헌법'이었다.

박정희는 유신 장기 집권 체제를 만들기 위해 국가비상사태와 비상계엄을 선포하며 일방적으로 국회를 해산시키고, 국회 권한을 대행할 수 있는 비상국무회의를 구성한 후 유신헌법안을 의결하게 했다. 권력 내부의 신직수 법무부 장관, 김기춘 검사, 한태연 교수, 갈봉근 교수 등이 밀실에서 신군주제 유신헌법을 만들었다.

전두환 등 신군부 역시 군사 반란과 내란을 통해 권력을 장악하고, 박정희 대통령 행태를 그대로 답습했다. 법적 근거도 없이 국가보위비상대책위원회를 만들어 국회와 사회단체 개헌 활동과 논의를 봉쇄하고, 국무회의에서 헌법안을 의결했다. '유신헌법의 사생아'에 해당하는 또 하나의 신군주제 헌법이 8차 개헌으로 탄생한 제5공화국 헌법이다.

5·16 군사 쿠데타를 일으킨 군부는 5차 개헌 헌법 전문에 "5·16혁명 이념에 입각하여 새로운 민주공화국"을 건설한다고

집어넣고, 12·12 군사 반란과 5·17 내란을 일으킨 신군부는 8차 개헌 전문에 "민족 중흥의 역사적 사명에 입각한 제5민주공화국 출발"이라고 명시했다. 정치군인들의 쿠데타와 군사 반란을 적법한 행위로 호도하고 정당성 근거로 삼으려 한 것이었다. 역설적으로 5·16혁명, 제5민주공화국 출발은 헌법을 위반한 불법행위라는 자백을 한 셈이었다.

제1·2차 헌법 개정은 대통령 개인의 권력 야욕을 위해 헌법도 마음대로 바꿀 수 있다는 나쁜 선례와 악영향을 남겼다. 5·16 군사 쿠데타는 30년 이상 지속한 군사정권의 출발 신호였다. 군인이 총칼과 탱크를 앞세워 군홧발로 민주 헌정 질서를 유린하고 붕괴했으며, 그 권력의 황홀함은 전두환·노태우 등의 군사 반란과 내란으로 대를 이어갔다.

헌법 개정은 오로지 권력 획득과 찬탈의 수단이자 도구로 전락했다. 권력자에 의한 헌법 개정에서 식민지 법의 저주가 되살아났다. 법이 권력의 도구라는 비판을 이만큼 적나라하게 드러내는 사례도 없을 것이다. 최고 권력자는 하나같이 생선 가게를 지키는 고양이 같은 존재였다. 우리 헌정사에서 헌법 개정은 권력자에 의한, 권력자를 위한, 권력의 헌법 개정이었다. 헌법 개정 과정은 불행하게도 권력자의 헌법 파괴*에 지나지 않았다.

그러면 권력자들은 왜 개헌에 목말라 했을까? 이는 헌법을 개정함으로써 권력의 뿌리를 만들 수 있고, 헌법이 존재해야 자신들의 권력에 정당성을 부여할 근거가 되기 때문이다. 그래서 목적과 수단이 정당하지 않더라도 정당한 것처럼 포장할 수 있는 최고의 위선·기만 술책으로 헌법 개정을 선택했다.

권력에 짓밟힌 헌법

문민정부가 들어서기 전까지 역대 대통령은 자신이 모든 것을 결정할 수 있는 주권자로 생각하고 왕이나 군주처럼 행동했다. 특히 박정희 대통령은 노골적으로 전제군주가 되려 했고, 유신 헌법을 만들어 실제 유신 군주로 군림했다.

유신헌법과 제5공화국 헌법은 헌법학자들이 말하는 이른바 '흠정헌법欽定憲法'이었다. 흠정헌법은 군주의 단독 의사로 제정된 헌법을 의미한다. 권력의 부름에 감격한 학자들은 새로운 시대에 새로운 헌법이 필요하니, 몸에 맞지 않는 헌 옷은 버리고 새로운 한국적 민주주의를 만들어야 한다고 노래를 불렀다. 헌법 관련 책은 '한국적 민주주의, 영도자적 지위'라는 달콤한 용비어천가로 채워졌다. 권력에 아부하는 학자들의 곡학아세曲學阿世였다.

---

* 학자들은 헌법 파괴란 보통 혁명에 의해 기존의 헌법뿐 아니라 그 헌법의 기초가 되는 헌법 제정권력까지도 배제하는 경우라고 설명한다. 예컨대 1789년 프랑스혁명, 1917년 러시아 혁명 등으로 기존의 법과는 다른 새로운 헌법을 만드는 경우이다. 여기서 헌법 파괴는 헌법 학자들의 의견을 따르지 않고 헌법 가치와 질서를 훼손하고 무력화하는 보다 폭넓은 의미 로 사용한다.

이승만·박정희·전두환 등 현대판 군주의 모습은 미국 건국의 아버지요, 초대 대통령인 조지 워싱턴의 행보와 극적으로 대비된다. 조지 워싱턴은 영국과의 독립전쟁을 승리로 이끈 후 많은 사람으로부터 왕이 되라는 제안을 받았으나 거절했다. 그는 권력이 국민으로부터 나온다는 사실, 즉 국민이 정부와 국가를 세우거나 전복할 수 있는 권리를 가지고 있다는 신념을 지녔고, 또 이를 실천했다. 3선 대통령으로 추대받았지만 민주주의 전통을 세워야 한다는 이유로 끝내 사양하고 두 번에 걸친 임기를 마쳤다. 그가 존경받아 마땅한 이유이다. 조지 워싱턴의 고별사 일부를 살펴보자.

불출마 결정을 내리게 된 것이 국민 여러분의 향후 이익에 대한 나의 열정이 줄어서도 아니고, 지금까지 나에게 보내주신 국민 여러분의 애정에 대한 감사와 존경이 없어서도 아니며, 오로지 내가 불출마하는 것이 국민 여러분의 이익에 부합하고 국민 여러분의 애정에 보답하는 길이라는 확신 때문이라는 점을 깊이 헤아려주실 것을 간곡히 부탁드리고자 합니다.

우리 헌정사 개헌은 민주주의와 법이 무너지는 소리였다. 헌법은 폭력 앞에 무기력했다. 반드시 지켜야 할 최소한의 헌법 개정 절차도 지키지 않았다. 헌법이 숭배받아야 할 절대불변이라고 할 수는 없으나, 헌법이 천명하는 가치는 존중받아야 한다. 그러나 우리 헌법 개정 역사를 볼 때 헌법 가치는 오히려 짓밟히고 능욕당했다. 최고 권력자의 욕망이 헌법 가치와 이념보다 더 소중하게 여겨졌다. 헌법은 권력자의 지배를 안정시키고 영구화하려는 수단에 지나지 않은 존재로, 헌법학자들이 말하는 '장식적 헌법'에 불과했다.

하지만 1987년 9차 개헌으로 제정된 현행 헌법은 6월 민주항쟁의 결과물이었고, 국민의 합의와 적법한 절차를 밟아 대통령 직선제를 이끌어냈다. 비록 그해 대통령 선거 결과 제5공화국의 계승자가 집권하게 됨으로써 정권 교체는 실패했으나 그나마 평화적 정권 교체가 가능한 틀과 경험을 만들었다는 점에서 우리 헌정 사상 모처럼 긍정적으로 평가받을 수 있는 헌법 개정이었다.

2. 헌법 파괴 수단으로 악용된 헌법 보장 수단

독재자가 애용한 절대반지, 계엄과 긴급조치

법은 원래 힘을 통제하기 위한 수단이다. 개인이 국가, 사회, 타인으로부터 권리를 침해당하거나 불이익을 받는 것으로부터 보호하기 위해 법이 존재한다. 국가가 경찰, 군대 등 물리적 힘을 독점하는 것도 이와 같은 이유로 정당화된다. 그런데 권력자가 법의 힘을 빌려 오히려 권력을 남용하는 수단으로 법을 변질시키는 일이 우리 역사에서 너무나 자주 발생했다. 그 대표적인 것이 헌법 개헌 과정에서 최고 권력자에 의해 어김없이 등장한 계엄이었다.

오늘날 대다수 국가는 다소 내용의 차이는 있어도 국가비상사태를 대비한 국가긴급권으로 계엄 제도를 두고 있다. 우리 헌법도 제헌헌법부터 현행 헌법에 이르기까지 내용은 조금씩 달랐지만 긴급조치, 비상조치 같은 긴급명령과 계엄 등 국가긴급권 제도를 두고 있다.

국가긴급권은 전쟁이나 내란 등 국가 존립을 위태롭게 하는 사태가 발생했을 때 위기를 극복하고, 비상 상황에서 헌법을 수호하며, 국민의 기본권을 보호하기 위한 제도라고 통상 설명한다. 즉 헌법 보장 수단의 하나라는 것이다. 하지만 우리 역사에서는 헌법 개정 과정과 계엄법의 역사가 동일·유사한 궤적을 그리고 있다. 그런 연유로 극도로 국가가 위태로운 상태가 아니라면 접할 일 없는 계엄이 우리 국민에게는 매우 익숙한 것이 되어버렸다.

대한민국 정부의 첫 계엄 선포는 1948년 여순 사건 때 내려졌다. 구체적 법률이 만들어지지도 않은 상태에서 선포된 계엄이다. 이후 제주 4·3 사건 때의 제주도 초토화 작전과 민간인

학살*, 1952년 발췌 개헌의 부산정치파동, 1960년 4·19의거, 1961년 5·16 군사 쿠데타, 1964년 한일굴욕외교와 한일회담 반대 시위인 6·3항쟁, 1972년 10월유신, 1979년 부마민주항쟁과 10·26 사건, 1980년 5·17 내란과 5·18민주화운동 학살에서도 법의 이름으로 등장한 것이 계엄이었다.

1980년 이후 약 40여 년간 계엄령은 사라졌다. 국민의 뇌리에서도 계엄은 희미해지고 있었다. 그러다가 2017년 촛불항쟁 과정에서 박근혜 정권이 계엄령을 준비했다는 뉴스가 흘러나왔다. 국민의 기억에서는 멀어져가고 있는 계엄을 권력자들이 소환해낸 것이다. 계엄의 DNA가 아직도 살아 있음을 보여주는 끔찍한 경험이었다.

수많은 전쟁과 외침에 시달린 우리 역사를 돌아볼 때 계엄 제도의 필요성을 전면 부인하기는 어렵다. 계엄 제도 자체가 '악'이라고 단정할 수는 없지만, 계엄은 신중히 선택해야 한다. 계엄이 선포되면 국민의 기본권이 제한되고 행정 및 사법 업무가 군대로 넘어간다. 계엄은 삼권분립과 국민 기본권 보호를 규정

---

* 제헌헌법 제64조는 "대통령은 법률이 정하는 바에 의하여 계엄을 선포한다"고 규정했고, 1949년 11월 24일 법률 제69호로 계엄법이 제정되었다. 따라서 그 이전에 내려진 1948년 여순 사건과 제주 4·3 사건에서의 계엄령은 법률이 없는 상태에서 선포된 계엄이었다. 법제처는 이들 계엄령을 선포한 근거가 일제 계엄령이라고 발표했는데, 일제 식민지의 법령도 아닌 법령을 근거로 내세우는 것은 자주독립국가 정통성을 스스로 부인하는 태도이다. 여순 사건과 제주 4·3 사건에서 계엄 선포는 법률 근거가 없는 것으로 효력을 부인하는 견해도 있다. 백윤철, 〈계엄법에 관한 연구〉, 《법학논총》 제33권 제1호, 법학연구소, 2009 참고.

한 헌법 효력을 정지시키는 극약 처방이다. 따라서 계엄은 존폐의 기로에 선 국가와 헌법을 구하기 위한 매우 특별한 경우에 최후 수단으로 선택해야 할 조치이다.

헌법 보장 수단이라는 계엄의 본래 목적과 달리, 최고 권력자들과 집권 세력에는 권력을 획득·유지하는 매력적 수단이었다. 국민의 대표 기관인 국회와 독립된 사법부의 견제를 배제하고, 마음먹은 대로 삼권분립을 무력화시킬 수 있으며, 권력자에게 법의 이름으로 권력의 욕망을 채워줄 수 있는 수단이었기 때문이다. 계엄은 영화 〈반지의 제왕〉에 나오는 절대반지같이 강력한 효력을 지닌 존재였다.

계엄과 긴급조치는 무효였다

박정희 대통령은 영구 집권을 위해 유신헌법을 제정하기 전 1972년 10월 17일 대통령특별선언과 비상계엄을 선포하고, 계엄사령관은 계엄포고 제1호를 발령했다. 계엄포고 제1호는 "모든 정치 활동 목적의 실내외 집회 및 시위, 유언비어를 날조·유포하는 행위를 금하고, 정치 활동 목적이 아닌 실내외 집회는 허가를 받아야 하며, 언론·출판·보도·방송은 사전 검열을 받아야 하고, 각 대학은 당분간 휴교 조치하고, 이를 위반한 자는 영장 없이 수색·구속"한다는 것이었다. 민주주의를 정지시킨다는 대국민 선전포고였다. 거의 40여 년이 경과한 2008년 대법원은 이에 대해 다음과 같이 판결했다.

계엄포고 내용은 1972년 10월 17일 대통령특별선언을 통하여 기존의 헌정 질서를 중단시키고 유신 체제로 이행하고자 그에 대한 저항을 사전에 봉쇄하기 위한 것이 분명하고, 계엄포고가 발령될 당시의 국내외 정치 상황 및 사회 상황이 위와 같은 구 계엄법 제13조에서 정한 '군사상 필요할 때'에 해당한다고 할 수 없다. 따라서 이 사건 계엄포고는 구헌법 및 계엄법에서 정한 요건을 갖추지 못했고, 그 내용도 영장주의와 죄형법정주의의 명확성 원칙에 위배되며, 표현의 자유·학문의 자유·대학의 자율성 등 헌법상 보장된 국민의 기본권을 침해하는 것이므로 계엄포고가 해제되거나 실효되기 이전부터 구헌법, 현행 헌법, 구계엄법에 위배되어 위헌이고 위법하여 무효이다.*

대법원은 1979년 10월 16일부터 10월 20일까지 부산·마산·창원 등 경남 일원에서 벌어진 반독재 부마민주항쟁**을 탄압하기 위해 정부가 10월 18일 선포한 비상계엄과 계엄포고령에 대해서도 마찬가지 판결을 내렸다. "부마민주항쟁을 탄압하기 위한 것이었을 뿐이고, 계엄포고가 발령될 당시의 국내외 정치

---

* 대법원 2018. 12. 13. 선고 2016도1397 판결.
** '부마민주항쟁 관련자의 명예회복 및 보상 등에 관한 법률' 제2조 참고.

상황과 사회 상황이 계엄법에서 정한 '군사상 필요할 때'에 해당했다고 보기 어렵다"며 위헌·위법으로 무효라고 판단한 것이다.***

유신헌법에 근거해 박정희 대통령이 발령한 긴급조치 역시 법원은 국가의 중대한 위기에 처해 그 원인을 제거하려는 것이 아니라 '유신 체제에 대한 국민적 저항을 탄압하기 위한 것'이었고, 헌법상 보장된 국민 기본권을 침해한 것으로 헌법에 위배되어 무효라고 판단했다.****

이들 판결은 독재자가 전쟁이나 내란 등 국가 존립 자체가 위태로운 상황에 대처하기 위해서가 아니라, 민주주의를 탄압하고 권력을 유지 혹은 찬탈하기 위한 수단으로 계엄과 긴급조치권 카드를 꺼내 든 사실을 최고법원이 최종 확인했다는 데 의미가 있다.

민주주의를 파산시킨 법

한국전쟁이 진행 중이던 1952년 4월, 미국은 철강노조와 제철업자 간의 노사 분쟁으로 철강 생산이 중단될 위기에 처했다. 해리 트루먼 대통령은 한국전쟁에 필요한 탄약, 포탄, 전투기

***　대법원 2018. 11. 29. 선고 2016도14781 판결.
****　대법원 2010. 12. 16. 선고 2010도5986, 2013. 4. 18. 자 2011초기689, 2013. 5. 16. 선고 2011도2631 판결 등.

생산 등이 중단될 경우 미국 안보와 세계 평화에 막대한 악영향을 미칠 것이라는 이유로 군통수권을 발휘, 미국 내 모든 제철소를 행정부가 인수·운영한다고 발표했다.

그러자 제철업자들은 정부를 상대로 소송을 제기했고, 연방대법원은 대통령 조치가 위헌이라고 신속하게 판결했다. 연방대법원은 아무리 전시라고 해도 삼권분립의 견제와 균형을 위해서는 어느 정도 대가를 치르는 것이 불가피하며, 대통령은 법을 집행할 수 있는 권한만 부여받았을 뿐, 전쟁 상황에서 주어지는 비상 권한이 국내 노사문제에 개입해 개인 재산을 압류하도록 하는 권한까지 확대될 수 없다고 판단한 것이다.

현직 대통령의 전쟁 중 비상 권한 조치에 대해 법원이 법치주의와 삼권분립 원칙을 지켜낸 놀라운 사례이다. 비록 수많은 문제점을 안고 있는 미국이지만, 법의 진정한 힘을 지키는 나라라는 사실을 확인하게 해준 사건이다.

이는 또한 국가가 위급한 상황에 처하지 않았는데도 정권 유지를 위해 발동한 계엄 및 긴급조치를 보고만 있던 우리 사법부와 비교되는 모습이다. 법원은 행정부의 시녀라는 비아냥거리는 소리를 들을 수밖에 없었다. 30~40년이 지나서야 법원은 비로소 계엄과 긴급조치가 헌법에 위반된 것이라고 선언했다.

조르조 아감벤Giorgio Agamben은 《예외상태Stato di eccezione》에서 실제로는 전쟁 등으로 인한 긴급한 상태가 아님에도 국내

소요와 질서 붕괴에 대처하기 위한 치안 유지용 비상조치로 사용하는 계엄을 '픽션적 또는 정치적 계엄상태' '픽션적 예외상태'라고 지칭하고 있다.*

아감벤식으로 이야기하면, 대한민국 헌정사에서 발동된 비상조치들도 권력 유지와 탄압 수단으로 이용된 '소설 같은 가상의 계엄상태'에서 발령된 것이다. 독재자가 말하는 국가 위기는 거짓 위기였고, 독재자의 상상으로 꾸며낸 허구였다. 아감벤은 이에 대해 다음과 같이 지적하고 있다.

예외상태가 점점 더 현대 정치의 지배적 통치 패러다임이 되고 있다. 예외적으로 취해진 잠정적 조치가 통치술로 전환되는 현상이 여러 헌법 형태들 사이의 전통적 구분의 구조와 의미를 근본적으로 변질시키는 위협이 되고 있고, 실제로 이미 뚜렷하게 변질시켜버렸다. (예외상태로) 일시적이고 통제된 사용은 민주적 헌법과 양립 가능하지만, 그러한 제도의 체계적이고 규칙적인 실행(예외상태의 상례화)은 필연적으로 민주주의 파산으로 이어진다.**

우리 헌법사에서는 최고 권력자들이 계엄이나 긴급조치 수단

---

* 　조르조 아감벤, 《예외상태》, 김항 옮김, 새물결, 2019, 16 · 19 · 20쪽.
** 　조르조 아감벤, 같은 책, 2019, 15 · 16 · 23 · 24쪽.

을 악용해 헌법의 기본권 효력을 정지시키고 국민 저항을 탄압하는 일이 정상적인 통치술처럼 변질되었다. 그리고 이것이 민주주의 파산으로 이어졌다. 아감벤이 설파한 이론은 대한민국 헌정사에 정확하게 부합된다. 우리 헌정사의 수치스러운 민낯이 아닐 수 없다.

3. 국민은 헌법 파괴를 승인했는가

헌법 개정 역사에서 떨쳐버릴 수 없는 강한 의문은 권력자에 의해 헌법의 핵심 가치가 유린당하는 개헌이 강행되었는데도 국민이 이에 동의했는가 하는 사실이다.

5·16 군사 쿠데타 이후 이루어진 5차 개헌에서는 당시 국민의 동의를 얻는다면서 헌법에 존재하지도 않던 국민투표를 처음으로 이용했고, 이후 개헌마다 국민투표 절차를 거쳤다. 헌법 개정안에 대해 국민의 찬성 또는 반대를 묻는 국민투표 결과 내용을 살펴보면 [표3]과 같다.*

군사독재 권력은 민주주의와 자유를 억압하고 국민주권주의를 짓밟으며 헌법에 피를 묻히고 있는데도, 국민투표 결과는 압

---

* 중앙선거관리위원회 사이버선거역사관 http://museum.nec.go.kr/vote/voteVote3.do

[표3] 헌법 개정에 대한 국민의 찬반 투표율

개헌 분류	주요 내용	국민투표(%)		
		투표율	찬성	반대
5차 개헌 (제3공화국)	5 · 16 군사 쿠데타를 혁명으로 명시, 대통령제	85.3	78.8	19.0
6차 개헌 (3선 개헌)	대통령 3선 연임 제한 철폐	77.1	65.1	31.4
7차 개헌 (유신헌법)	대통령 6년 연임 제한 없음, 대통령 간선제	91.9	91.5	7.7
8차 개헌 (제5공화국)	대통령 7년 단임, 대통령 간선제	95.5	91.6	7.0

도적 찬성이었다. 믿고 싶지 않더라도 그 결과를 부정하기 어려운 상황이다.

그렇다면 국민이 압도적 다수로 찬성표를 던지며 개헌에 동의한 이유는 무엇일까? 계엄 등을 동원한 독재자의 탄압과 무력에 굴복한 것이었을까. 기존 정치권에 대한 혐오와 반발의 결과였을까. 부정선거, 관권선거 영향이었을까. 일방적 · 편파적 언론 보도의 영향은 어느 정도였을까. 척박한 민주주의 환경에서의 경험 부족이었을까. 국가주권자로서의 성숙한 민주 시민의식 결여가 그 원인이었을까. 국민이 달리 선택할 대안이나 여지가 없어서 그랬을까. '정의사회 구현' 등의 달콤한 거짓말에 세뇌당한 것일까. 플라톤이 말하는 것처럼 민주주의는 우매한 대중에 의해 얼마든지 왜곡될 수 있다는 말이 과연 맞는 것인가. 수많은 의문과 질문이 제기되지만, 그 원인에 대해 확실하게 대답하기는 어렵다.

아돌프 히틀러가 쿠데타를 통해 권력을 장악한 것이 아니라 국민투표에 의해 집권을 했고, 프랑스 나폴레옹 3세도 쿠데타를 일으킨 후 새로운 헌법을 국민투표로 승인받아 이를 근거로 1852년 황제에 등극한 바 있다. 우리 헌정사만 반동의 역사가 있었던 것은 아니다. 하지만 외국의 사례를 들어 위안 삼을 수는 없는 일이다. 어리석은 선택과 동의는 민주주의와 헌법 파괴로 이어졌고, 국민에게 고통을 주는 결과를 낳았기 때문이다. 그 경험과 고통은 미래의 성숙한 민주주의를 위해 지불해야 할 수업료로서는 너무 비싼 대가였다.

프랑스 국민은 같은 실수를 거듭하지 않았다. 제2차 세계대전에서 자유프랑스운동을 이끌었던 드골이 제5공화정 드골 헌법에 의거해 1959년 대통령으로 집권했을 때다. 그는 국민이 자신에게 갖는 기대와 신뢰를 이용해 지방자치기관의 권한을 축소하는 내용의 법률안을 국민투표로 통과시키려 했다. 그러나 프랑스 국민은 헌법 개정을 통하지 않고 국민투표에 부친 법률안을 거부했고, 그 결과 드골은 퇴진했다. 프랑스 국민은 국민투표를 통해 제 손으로 공화정을 무너뜨리고 황제를 승인했던 역사의 악몽을 떨쳐버리는 새로운 전기를 만들었다. 우리에게는 이와 같은 유의미한 거부와 선택이 없었다.

국민투표 찬성 결과는 모든 불법을 정당화할 수 없다

독재자들은 이기심을 넘어선 탐욕의 화신이었고, 단호하고 영리한 면까지 갖추고 있었다. 그들은 신념으로 무장한 철저한 '마키아벨리스트 신군주'였다. 마키아벨리가 《군주론》에서 말한 것처럼 "군주는 필요하다면 부도덕하게 행동할 태세가 되어 있어야 한다. 악덕으로 보이는 다른 일을 하는 것이 결과적으로 자신의 입장을 강화하고 번영을 가져오는 경우가 있다. 잔인하다는 평판을 받는 것을 걱정해서는 안 된다. 사랑을 받는 것보다는 두려움의 대상이 되는 것이 더 안전하다. 술책이 진실을 이긴다. 여우다운 기질을 잘 위장해 숨겨야 한다. 인간은 능숙한 기만자이며 위장자여야 한다"고 믿는 권력자였다.

이런 '영리한' 권력자들이 정권의 정당성을 근거로 삼은 것이 바로 투표로 나타난 국민의 찬성 의사였다. 하지만 과연 헌법 개정 절차를 위반하고 계엄과 폭력으로 이루어진 개헌이 국민투표를 거쳤다고 해서 합법으로 인정받을 수 있는 것인가? 절대 아니다. 불법은 불법일 뿐이고, 투표로 동의를 얻었다 해도 불법이 합법으로 성격이 바뀌는 것은 아니다.

또한 국민이 국민투표로 동의한 것은 '헌법 개정에 대한 동의'였다. 기존에 자행해온 불법행위를 투표로 승인한 것도 아니고, 향후 불법행위를 자행해도 좋다고 사전에 승인한 면죄부도 결코 아니었다. 동의 대상이 엄연히 다른 만큼 불법을 합법으로 포장하는 것은 법리적으로 맞지 않다. 개헌안에 대한 국민투표에서 찬성과 동의는 국민 상호 간에 일종의 계약이고, 위임이다. 하지만 무조건적인 동의나 위임이 아니라, 절대 침범할 수 없는 한계가 존재한다. 권력자들의 집권을 위해 필요한 헌법 개정에 동의한 행위를 집권 전후 과정과 결과에서의 불법행위나 독재에 정당성을 부여하는 행위로 해석하긴 어렵다.

국민이 국민투표로 동의했다는 이유로 집권하는 것과 지배 권력이 자행한 헌법 유린 및 범죄행위가 국민투표를 통해 면죄부를 받는다는 것은 전혀 다른 별개 문제이다. 나치의 히틀러 집권이 선거를 통해 이루어졌다 하여 나치의 인종 학살과 제2차 세계대전의 책임이 면죄부를 받거나 없어지는 것은 아니다.

군사 반란과 내란죄로 법정에 선 전두환과 노태우 전 대통령은 "피고인들이 성공한 쿠데타에 대해서는 사법적 판결을 통해 처벌할 수 없다"고 주장했다. 그러나 대법원은 "국민투표를 거쳐 헌법을 개정하고 개정된 헌법에 따라 국가를 통치해왔다고 하더라도, 피고인들이 군사 반란과 내란을 통해 새로운 법질서를 수립한 것이라고 할 수 없다. 헌법 개정 과정에서 피고인들의 행위를 불문에 부치기로 하는 어떠한 명시적인 합의도 이루어진 바가 없다"고 판시했다.* 국민투표를 통해 헌법을 개정하고 집권했다는 사실이 권력자가 자행한 불법과 폭력을 합법화할 수 없다는 입장을 밝힌 것이다. 결국 국민투표는 폭력과 불법행위를 정당화하는 만병 특효약이 아니다.

악몽에서 벗어나 미래의 헌법 개정으로

지금까지 우리의 헌법 개정 역사는 국민에게 많은 부정적 기억
을 남겼다. 정치적 무관심과 혐오감마저 일으킨 것으로 보인다.
이런 헌법 개정의 부작용을 감수하느니, 차라리 헌법 개정 자체
가 어려워지도록 하는 것이 나은 방법이라고 생각할 수도 있을
것이다. 하지만 헌법 개정의 부정적 측면만을 보아서는 안 된다.

거듭 말하지만 헌법은 현재를 규범화하고 있지만, 동시에 미
래를 준비하는 법이다. 이제 헌법의 이름으로, 헌법의 꿈과 목
소리로 미래를 호출해야 한다. 언제일지 모르지만 다가올 통일
한국의 미래만 상상해보아도 현행 헌법은 미완성이라는 사실
을 알 수 있다. 지혜를 모아 고민하고 최선의 방안을 찾아 헌법
가치 완성을 추구하는 법을 만들어가야 한다.

그러기 위해 여러 가지 조건이 필요하다. 미래의 평화통일을
대비할 수 있는 헌법적 근거 보완, 국민이 선거를 통해 밝힌 의
사가 온전히 반영되지 못하고 왜곡되는 현 선거제도를 헌법을
통해 시정할 수 있는 기준 마련, 무책임한 정치인을 축출하기
위한 국민소환제, 국민이 직접 법률안을 만들어 국회에 제출하

---

* 대법원 1997. 4. 17. 선고 96도3376 전원합의체 판결.

는 국민발안제 같은 직접민주주의 강화 근거 등이다.

또한 헌법 전문에 5·18민주화운동을 명기할 것인지 여부와 현행 대통령제 유지 여부 및 정부 형태, 대통령제를 유지하는 경우 제왕적 권리로 불리는 막강한 권한을 어떻게 조정하며 견제할 것인지에 대한 방안, 헌법이 보장하는 기본권을 국민 아닌 외국인까지 확장 인정할 것인지 여부도 고민해야 한다. 양극화 현상과 경제적 약자 증가 등 심각한 불평등 상황에서 복지국가 원리와 경제민주화 실현을 위한 방안을 헌법의 주인인 시민이 결정할 수 있게 준비해야 한다.

이를 위해서는 아직까지 헌법 개정에서 국가 주인인 국민의 의사를 확인해 적극적으로 반영한 사실이 없었던 헌정사의 과오를 거둬내야 한다. 앞으로의 개헌에서는 국민의 들러리 노릇이 끝나야 한다. 최고 권력자와 그 측근, 어용학자들이 밀실에 모여 헌법을 만든 과거를 청산해야 한다. 위로부터의 일방적·하향식 개헌이 아니라, 아래로부터 의사를 수렴하고 합의를 이끌어내는 절차가 이뤄져야 한다. 또 모든 과정은 투명하게 공개하고, 국민 의사를 최대치로 수렴해 헌법 개정 절차를 진행해야 한다.

국민투표에 대한 악몽에서도 벗어날 필요가 있다. 국민투표는 잘못 사용할 경우 마치 폭탄을 싣고 달려가는 기차와 같은 위험성을 안고 있었다. 국민투표를 핑계 삼아 헌법을 허수아비로 만들고, 독재와 폭력의 근거로 악용된 사실이 이를 생생히 증언하고 있다. 국민투표를 통한 동의와 찬성은 지배 권력의 탐욕으로 환원되어 민주주의를 질식시킬 수 있다는 민주주의 취약성을 우리 국민은 경험했다. 그러면서도 저항을 통해 이를 극복했다. 이제부터 그 과정을 살펴보자.

4. 헌법 수호를 위한 시민의 저항권 행사

여명의 시대를 만들어온 저항권 행사

일제강점기가 끝나고 해방의 환호성을 울린 것도 잠시, 우리 민족은 미군정의 지배를 받아야 했다. 그리고 천신만고 끝에 조국을 세웠는데 이제는 최고 권력자와 지배 세력에 의한 탄압과 헌법 유린이 기다리고 있었다. 이승만 대통령은 부산정치파동을 일으키며 진행한 발췌 개헌, 초등학생도 웃어버릴 사사오입 개헌으로 헌법을 유린한 것으로는 부족했다. 1960년 3월 15일 전형적이고 고전적인 관권 동원 부정선거를 통해 국민의 표를 도둑질했고, 이에 항거하는 시민 투쟁이 일어났다. 최루탄이 눈을 뚫고 들어간 김주열의 처참한 시신이 마산 앞바다에 떠올랐고, 저항운동 과정에서 180여 명이 목숨을 잃었다. 결국 이승만 대통령은 물러났다.

반만년 역사와 민주공화국 역사에서 처음으로 나라의 주인인 국민이 스스로의 힘으로 반민주적인 독재정권을 무너뜨렸다. 최초의 국민 승리였다. 헌법 속에 잠들어 있는 것으로 보이던 주인이 비로소 국가의 주인으로, 역사의 주체로 전면에 나타난 것이다.

4·19의거는 법적으로 표현하면 헌법과 정의 수호 의지를 바탕으로 한 저항권 행사였고, 국민주권주의가 헌법의 장식물이 아님을 확인한 사건이었다. 이날의 역사는 5·16 군사 쿠데타 이후 유신 체제까지 헌법 전문에는 '4·19의거'로, 현행 헌법에는 '4·19 민주이념'으로 표기하며 우리 헌법 정신이 되었다.

일제의 하급 장교 출신인 44세의 박정희가 '반공'을 공약으로 내걸며 주도한 5·16 군사 쿠데타는 4·19 민주이념과 헌법을 휴지 조각으로 찢어버렸다. 시계를 거꾸로 돌리는 반동反動이었고, 주권자인 국민 의사에 반하는 헌법 파괴였다. 급기야 유신헌법을 만들어 장기 독재 체제를 구축했고, 유신 체제를 부정하며 헌법을 비방하거나 개정을 요구하는 일체의 행위를 금지하는 긴급조치가 일상적 지배 도구로 등장했다.

심복 김재규에 의해 박정희가 총에 맞아 죽고 유신 체제가 종말을 고하자, 1980년 진정한 민주주의에 대한 열망이 전국의 거리를 가득 메웠다. '서울의 봄'이었다. 하지만 박정희를 학습하고 모방한 근위 부대 정치군인의 12·12 군사 반란과 5·17 내란으로 민주주의는 또다시 무너지고 말았다. 체코 '프라하의 봄'이 소련군 탱크에 짓밟혔듯이, 서울의 봄도 정치군인 탱크에 짓밟혔다. 체코는 이민족과 타 국가에 의해 짓밟혔으나, 우리는 국민 생명을 지켜야 할 우리 군인에게 짓밟혔다.

하지만 전두환 정권의 철권통치도 민주화 항쟁 의지를 꺾을 수 없었다. 계속된 민주화 요구와 저항은 1987년 "책상을 '탁' 치니 '억' 하고 죽었다"는 박종철 고문치사 사건과 은폐 조작, 4·13 호헌 조치를 계기로 폭발해 6월 민주항쟁으로 이어졌다. 결국 신군부는 6·29 항복 선언을 발표했고, 여야 합의에 의해 5년 단임의 대통령 직선제를 골자로 현행 헌법을 마련했다.

대한민국 헌정사는 비참함과 위대함이 맞물려 돌아간 두 개의 축이었다. 민주주의가 무너져 내려 비참해질수록 국민은 더 위대해졌고, 국민이 위대했기에 비참함은 더 커져갔다. 위대한 국민이 민주주의와 헌법 질서를 바로 세우려 할수록 탄압은 더욱 심해졌고 비참함도 커져갔다. 독재자의 권력욕이 지속될수록 진실을 억압하는 과정 역시 지속되었고, 대립과 극단의 골이 깊어갈수록 점점 파국으로 치달았다. 이러한 대립과 극단의 시간은 종말을 예고했다.

하지만 시민의 가슴에 품은 정의는 단단한 독재를 뚫고 민주주의를 질식 상태에서 벗어나게 하는 힘이었으며, 자랑스러운 대한민국을 만드는 뿌리였다. 민주주의가 고사당하는 상황에서

심폐소생술로 나라를 살려낸 것은 결국 시민이었다. 목마른 민중이 스스로 민주주의 샘에서 물을 길어 올려 '힘이 곧 법'인 시대를 물리치고, 오늘의 헌정 질서 토대를 세운 것이다. 이것이 바로 저항권이다.

법으로 본 저항권

대다수 헌법학자는 저항권에 대해 "기존 헌법 질서를 유지하기 위한 목적으로(헌법 수호 목적), 헌법 질서가 전면적으로 부인될 정도의 중대한 헌법 침해가 객관적으로 명백한 상황에서(명백성), 다른 법적 수단으로 헌법 침해를 시정할 수 없는 경우에 최후 수단으로만(보충성) 행사될 수 있다"고 말한다.

얼핏 별문제 없는 의견처럼 보이지만, 자세히 뜯어보면 사실상 저항권을 인정하지 않는 견해와 다를 바 없다. 예를 들어 4·19의거나 5·18민주화운동에 참가한 사람이 소요죄로 체포·구속되어 자신은 정당하게 저항권을 행사했다고 법정에서 주장한다고 가정해보자. 저항권은 다른 모든 법적 수단을 동원해도 시정할 수 없는 최후 수단이어야 한다. 그런데 법원이 재판을 진행한다는 사실 자체가 사법부에 문제 해결 가능성이 남아 있다는 뜻이 된다. 그러므로 저항은 '최후 수단'이 아니라는 결론에 이르게 된다. 결국 법원은 보충성 원칙이 충족되지 못했다며 저항권을 인정하지 않을 것이다. '객관적으로 명백하다'는 것 역시 시각에 따라 달리 해석할 수 있고, 기준을 제시하기 어렵다.

학자들 견해에 따르면 저항권은 교과서에서나 거론되는 권리일 뿐이며, 우리 현실에서 실제 권리로서 행사할 수 있는 확률은 거의 없다. 결국 저항권 이론은 현실성과 유용성 측면에서 무의미하다.

그러면 법원은 저항권을 어떻게 보고 있을까. 1974년에 일어난 인민혁명당재건위원회(이하 인혁당재건위) 사건을 보자. 유신 독재에 저항한 전국민주청년학생총연맹(이하 민청학련) 사건 배후로 지목된 인혁당재건위는 고문을 통해 정부 전복을 기도한 공산주의 추종 세력으로 조작되었고, 무고한 8명이 사형으로 사라진 '사법 역사상 암흑의 날' 사건이다.*

이 사건에서 피고인들은 긴급조치가 헌법위반으로 무효이며, 자신들의 행위는 저항권에 의한 것이므로 위법성이 없다고 주장했다. 이에 대해 대법원은 긴급조치가 합헌이라 규정하며 "저항권 주장은 실존하는 실정법적 질서를 무시한 초실정법적인 자연법 질서 내에서의 권리 주장이며, 국가의 법적 질서의 유지를 그 사명으로 하는 사법 기능을 담당하는 재판권 행사에 대하여는 실존하는 헌법적 질서를 무시하고 초법규적인 권리 개념으로써 현행 실정법에 위배된 행위의 정당화를 주장하는 것은

---

* 김희수 외 3인, 《검찰공화국, 대한민국》, 삼인, 2011, 66·67·74~76쪽.

그 자체만으로서도 받아들일 수 없다"고 판시했다.*

1979년 박정희 대통령을 살해한 중앙정보부장 김재규 역시 재판에서 저항권 행사를 주장했다. 이에 대해 법원은 "헌법이나 법률에 해당 규정이 없으므로 저항권을 재판 규범으로 적용할 수 없다"고 판단했다.** 오히려 법원은 "직무상의 무능함에 대한 대통령 질책과 경호실장의 오만방자한 태도와 월권적 업무 간섭에 대한 대통령의 신임에 불만을 품고 살해 후 권력을 탈취하려 한 내란 목적 살인"이라고 판결했다. 그는 사형을 선고받아 처형되었다. 김재규의 행위가 자신이 주장한 것처럼 "민주주의 회복을 위해 야수의 심정으로 유신의 심장을 쏘았던 의거"인지 여부를 두고 지금까지 의견이 분분하다.

법원의 판례를 놓고 볼 경우 4·19의거, 5·18민주화운동을 비롯한 서울의 봄, 1987년 6월 민주항쟁, 2016~2017년 박근혜 전 대통령 국정농단에 대한 촛불항쟁 모두 법적으로는 저항권 행사가 아니라는 결론이 도출된다. 물론 저항의 권리를 함부로 인정할 경우 각 개인과 단체의 정파적 시각에 따라 법질서 혼란이 발생할 수 있다. 그래서 법적 안정성을 고려해 저항권 인정을 신중히 해야 한다는 입장은 충분히 이해한다. 하지만 우리 근현대 헌정사를 볼 때 "저항권이 헌법이나 법률에 규정되어 있지 않

---

* 대법원 1975. 4. 8. 선고 74도3323 판결.
** 대법원 1980. 5. 20. 선고 80도306 판결에서 다수 의견.

은 자연권이므로 인정할 수 없다"는 견해는 받아들이기 어렵다.

저항권에 대해 동아시아에서는 오래전부터 폭군살해론暴君殺害論(폭군은 죽여도 좋다), 폭군방벌론暴君放罰論(폭군은 쫓아내도 된다), 역성혁명론易姓革命論(역성은 군주의 성을 바꾼다는 뜻으로 군주를 다른 이로 교체하는 것)이 전해 내려왔다. 학자들은 폭군살해론 원조로 맹자를 꼽는다. 지금의 국민주권주의와 과거의 군주론은 전혀 차원이 다른 개념이라는 사실을 감안하더라도, 옛날이나 지금이나 폭정을 휘두른 군주와 신민, 현대의 독재자와 국민의 관계는 비슷했다.

서구에서 저항권 이론을 확립한 사람으로 존 로크John Locke 가 꼽힌다. 로크는 자연권 이론을 바탕으로 저항권과 자유주의 인권에 생명과 자유, 그리고 사유재산권을 추가했다. 로크의 저항권 사상은 미국 독립선언서와 프랑스혁명의 인권선언에 반영되고, 실제 행위로 구현되었다. 미국 독립선언서는 신에게 부여받은 생명·자유·행복추구권을 정부가 파괴할 때는 언제든지 "그 정부를 변혁하거나 폐지하고 새로운 정부를 조직하는 것이 인민의 권리"라고 선언하고 있다. 또한 프랑스 인권선언 제2조는 "모든 정치적 단결의 목적은 소멸될 수 없는 인간의 자연권을 보존하기 위한 것이다. 이들 권리란 자유, 재산권, 안전 및 억압에 대한 저항을 뜻한다"라고 했다.

천부인권론과 자연법은 역사의 고비마다 개혁·혁명·투쟁의 원동력이 되었고, 해방과 저항을 정당화하는 소중한 법 논리라고 이미 말한 바 있다. 저항권도 자연법 영역에 속하는 권리이다. 자연법으로써 저항권은 실정법에서 권리로 규정했는지 여부에 관계없이 인간으로서, 시민으로서 당연히 갖는 권리에 속한다.

4·19의거, 5·18민주화운동, 6월 민주항쟁, 촛불항쟁은 헌법이나 법률로 저항권을 인정하기 때문에 발생한 것이 아니다. 실정법 규정 여부와 상관없이 헌법위반과 인권유린이 누적되자 시민들 사이에 저항 의식이 공유되면서 결연한 의지로 일어선 역사적 실천이었다. 미국 독립전쟁과 프랑스혁명도 저항권을 실정법으로 인정하고 있어서 발생한 것이 아니다. 실정법이 명문明文으로 저항권을 규정하고 있더라도 이는 국가가 시민의 저항권을 인정한다고 확인하는 의미에 불과하다.*

따라서 저항권은 실정법으로 인정되는 권리가 아니어서 저항권 행사를 인정할 수 없다는 법원의 판결은 지극히 형식 논리적이고 피상적인 책임 회피 논리이다. 역사를 외면하는 판례라고 하지 않을 수 없다. 역사를 직시하는 아픔과 고민이 전혀 읽히지 않는다. 법률가는 역사와 동떨어져 로빈슨 크루소처럼 외딴섬에서 홀로 살아가는 사람이 아니다. 법실증주의가 문명 발전의 후퇴를 야기한 역사적 경험을 결코 잊으면 안 된다.

법에도 원래부터 빈 공간이었던 영역이 있다. 실정법이 날개

---

* 독일 연방헌법재판소는 법률 규정이 없는데도 저항권을 인정했고, 이후 독일 기본법(독일 헌법)은 저항권을 명문으로 인정했다.

를 달고 날아가듯 급속하게 변화하는 현실을 반영하지 못하는 영역도 있다. 원래는 법이 있었는데 법을 폭력의 도구로 악용해 정상적인 법이 없는 것과 마찬가지인 상황이 발생하는 빈 공간도 있다. 저항권도 바로 그런 공간에 놓여 있다. 정상적인 법이 작동해야 할 공간은 비어 있고, 그 빈 공간을 법으로 포장한 계엄과 긴급조치 같은 폭력으로 채워 넣는 일이 반복되었다. 우리 헌정사가 그러했다.

아감벤의 표현을 빌리면 "긴급상태라는 형태를 띠는 한 예외 상태는 비합법적이지만 절대적으로 법률적이고 합법적인 하나의 조치로 모습을 드러내며, 이는 새로운 규범(법질서)의 생산으로 구체화"되었다.** 권력에 취한 독재자들은 끝없는 권력욕을 채우기 위해 법의 빈 공간을 만들어내며 억압의 칼날로 법을 들이댔다. 법을 적용하고 재판하는 자들은 독재자의 욕망을 채우는 그릇이었다.

법이 두려움의 대상이던 시대, 법에 대한 공포는 부정의한 법에 순응하는 인간을 만들어내기도 한다. 반대로 법에 대항하는 인간도 만들어낸다. 압도적 물리력과 억압은 강한 투쟁 동기가 되고, 저항의 불꽃으로 타오르는 방아쇠가 되기도 했다. 그리하여 공포와 두려움을 물리치고 결국에는 법을 희망의 대상으로

** 조르조 아감벤, 《예외상태》, 김항 옮김, 새물결, 2019, 59쪽.

만들어냈다. 결국 법을 희망의 대상으로 만들어낼 수 있느냐의 여부는 부정한 권력 질서에 대해 국민이 저항하는 힘의 크기, 주인으로서 자각의 크기에 달려 있다.

모호하게 은폐된 불법의 경계를 넘어설 수 있던 것은 국민이 보여준 저항의 힘이었다. 저항의 힘과 유전자는 또다시 나타날 수 있는 독재의 죄악과 공포로부터 우리를 구원할 씨앗이 될 것이다. 2016~2017년 박근혜 전 대통령 국정농단에 대한 촛불항쟁은 성숙한 시민의 저항 의식이 나라다운 나라를 만드는 동력이 될 것임을 예고했다.

헌법이 눈물을 흘릴 때 '헌법의 신음'에 귀 기울이고, '헌법의 꿈'을 지켜낸 것은 시민의 저항권이었다. 시민의 저항권은 삭풍에 얼어붙은 헌법을 되살려내고, 민주주의 지평선을 넓혔다. 권력자와 법의 정신은 타락했으나, 시민의 저항 정신은 타락하지 않았다.

헌법과 실정법에 자연권, 저항권이 명시되어 있지 않다는 것은 무슨 의미일까? 법에 존재하지 않는다는 것은 그 자리가 텅 비어 있다는 뜻이다. 태초太初에는 아무것도 없었으리라. 하지만 이렇게 비어 있다는 것은 채울 공간이 많음을 의미하기도 한다. 모든 것은 아무것도 없는 상태에서 시작되는 것인지도 모른다. 없는 것을 채워가는 것, 법 역시 그런 것이 아닐까.

왜 법을
믿지 않는가

1. 사람의 지배와 법의 지배

헌법은 명문으로 법치주의라는 말을 사용하지 않는다. 그렇다고 대한민국이 법치주의 국가라는 데 이의를 다는 사람은 없다. 헌법재판소 역시 법치주의를 헌법의 기본 원리로 밝혀왔으며, 국민의 권리·의무에 관한 사항은 법률로써 정해야 한다는 형식적 법치주의에 그치는 것이 아니라 그 법률의 목적과 내용 또한 기본권 보장이라는 헌법 이념에 부합하는 실질적 법치주의를 의미한다고 확인하고 있다.*

그렇다면 법치주의는 왜 생겨났고, 왜 중요하다고 하는 것인가. 법치주의는 국민의 자유와 권리가 전제군주를 비롯한 지배계급에 의해 침해당하는 역사적 상황에서 출발했다. 국가권력 행사를 법률에 의해서만 가능케 함으로써 국민의 인권을 보장

---

* 헌법재판소 1995. 2. 23. 91헌마231 등.

하기 위함이었다. 즉 '사람의 지배'를 '법의 지배'로 바꾸는 것이 법치주의의 출발이었다. 이는 인간에 의한 자의적 지배를 배제하려는 데 목적이 있었다. 인간에 의한 자의적 지배를 허용했을 때 사회가 만인에 대한 만인의 투쟁으로 아수라장이 되곤 했던 역사적 경험을 반영한 것이다.

헌법이 완벽할 수 없듯 법치주의도 완벽한 제도라고 할 수 없다. 설사 완벽한 제도란 것이 있다고 해도 결국 제도를 운영하는 것은 사람이다. 바로 여기서 문제가 발생한다. 사람의 지배가 아닌 법의 지배라고 하지만, 실제 법을 만들고 집행하는 것은 여전히 사람이다. 부정의한 법을 만드는 주체도 사람이고, 정당한 목적의 법일지라도 정의에 반하게 집행하는 주체 역시 사람이다.

법치주의의 필요성이 대두되고 그걸 제도로 만든 것은 탐욕스러운 인간의 지배에 대한 불신 때문인데, 그 실행 주체가 여전히 탐욕스러운 인간이라는 점에서 법치주의는 숙명적 한계를 품고 있었다. 이런 숙명적 한계 때문에 더욱 법치주의에 주목해야 할 필요성이 커진다.

기회주의적 정치인도, 정치에 무관심한 국민도 모두 법치주의와 관련한 이해 당사자다. 현대의 거의 모든 생활이 법과 연관되어 있기 때문이다. 민주공화국을 만들어가는 핵심 수단이 법이기 때문이다. 그래서 법치주의에 대한 논의는 중요하다.

또한 법치주의는 과거에 국한된 문제가 아니며 여전히 현재 진행 중인 사안이다. 인권 변호사 한승헌은 "한국의 법치주의는 상처투성이와 안쓰러움을 안겨주었고, 청산되어야 할 적폐가 거기에도 있었다. 유신과 군사정권 시절 법치는 돌이킬 수 없는 치욕"이었으며, "이 나라의 법치가 정의와 민주주의를 지향하는 정도를 상습적으로 벗어나는 현실을 보면서 국민은 도대체 누구를 위한 법치주의인가라는 강한 의문과 부딪치게 되었다"고 지적한다.*

우리 근현대사를 통해 국민으로 하여금 법치주의에 강한 의문을 갖게 한 사건은 여럿 있었다. 일제강점기 식민지 지배 도구로 동원된 식민지법, 해방 이후 헌법 수호 의무를 진 최고 권력자들이 반복한 헌법 유린과 파괴, 이명박·박근혜 대통령이 정치적 반대자들을 향해 '떼법'이라 몰아세우며 저지른 각종 범법 행위 등이다. 법에 대한 이러한 부정적 인식과 나쁜 기억이 쌓여 오늘날 많은 사람이 법을 믿지 않는 상황을 초래했다.

---

* 한승헌, 《법치주의여, 어디로 가시나이까》, 삼인, 2018, 19~20쪽.

2. 대한민국을 유린한 악법

악법은 법이 아니다

악법은 형식적으로는 법의 외관을 갖추고 있으나, 그 내용은 정의에 반하거나 오히려 정의를 짓밟는 법률을 말한다. 악법과 관련한 가장 유명한 이야기는 소크라테스 재판이다. 소크라테스는 "악법도 법이다"라는 말을 남기며 독배를 마시고 순교한 것으로 알려졌다. 하지만 그가 직접 그런 말을 한 적이 없으며, 일부에서 그러한 해석을 내놓았을 뿐이라는 사실이 학자들의 연구 결과 밝혀졌다.*

우리나라 독재자들은 소크라테스의 이 말을 인용하며 자신들이 통치 수단으로 악용한 법률도 엄연히 법이라는 것을 강조하고 복종을 정당화하는 근거로 삼았다. 급기야 초·중·고등학교 교과서, 심지어 대학에서 교재로 사용하는 법사상사 책에서까지 소크라테스 일화를 준법정신을 강조하기 위한 사례로 소개했다. 그러나 헌법재판소는 2004년 11월 소크라테스의 이야기를 준법 교육 사례로 드는 것은 부적절하다고 지적했다. 권위주의 정권이 국민의 자유와 권리를 침해했고, 정당성 없는 법률(악

---

* 권창은, 〈소크라테스와 악법〉, 《철학연구》 33권, 1993. 강정인, 〈소크라테스, 악법도 법인가?〉, 《한국정치학회보》 27집 2호, 1993. 이정호, 〈소크라테스는 악법도 법이라고 말한 적이 없다〉, 《시대와 철학》 6권 2호, 1995.

법)은 실질적 법치주의를 위반했기 때문에 법이라 할 수 없으므로, 소크라테스 이야기를 준법 교육 사례에 사용하는 것은 맞지 않다고 판단한 것이다.

강정인 서강대학교 정치외교학과 교수는 "2,400년 전 사형 당한 소크라테스가 무조건적인 시민의 법규 준수 의무를 옹호하고 기존의 법질서에 대한 합리적 의문과 비판을 차단한 인물로, 그 결과 해방 이후 거의 50년 동안 남한의 비민주적인 정권을 옹호하는 인물로 변신한 셈이다. 그의 '권위'는 조롱의 대상으로, 그리고 법실증주의를 위한 그의 '순교'는 무의미한 것으로 비춰졌다"고 통렬하게 지적하며 소크라테스의 명예를 회복해야 한다고 주장했다.** 독재 권력에 아첨하며 이익을 추구하는 지식인과 법조인이 소크라테스의 독배를 '실정법 만능주의'에 가장 부합하는 사례로 둔갑시켰기 때문이다.

변호사 출신이기도 한 인도의 마하트마 간디는 "법은 매우 위험한 물건이다. 악법은 인간이 마땅히 하지 말아야 할 악을 강요한다. 악법에 복종하는 순간 우리는 자동으로 악을 저지르게 되는 것이다. 부정의한 법, 즉 악법은 폭력이다"고 설파했다.

법은 법이다. 따라서 "법은 무조건 지켜야 한다"고 말하는 것은 매우 위험하다. 그렇다고 자의적으로 법을 해석해 개인의 판

** 강정인, 같은 논문, 33쪽.

단에 따라 법을 어겨도 된다는 뜻이 아니다. 법은 정의로워야 하며, 악법에 대해서는 저항해야 한다는 의미이다. 악법도 법이니 무조건 지켜야 한다고 말하는 것은 법을 절대시하는 이른바 법물신주의法物神主義에 불과하다.

'법은 곧 정의'라고 믿는다면 법치주의는 이데올로기화한 허구적 관념이 될 수 있다. 이데올로기화한 법치주의에서는 현실의 외피 뒤에 숨겨진 진실을 알 수 없다. 이데올로기화한 법치주의는 폭력을 은폐하고, 법치주의라는 이름으로 자행되는 폭력에 대항할 수 없기 때문이다. 따라서 법치주의의 진실을 알기 위해서는 법치주의의 얼굴을 한 가면을 벗겨내야 한다.

가짜 국회에서 대량생산한 악법

통치자가 권력을 과도하게 쥐고 자의적으로 지배하는 문제를 해결하기 위해 인류가 고안해낸 멋진 제도 중 하나가 권력분립 제도이다. 우리 헌법도 입법권은 국회, 행정권은 대통령을 비롯한 행정부, 사법권은 법원에 속하게 해 상호 견제와 균형을 이루도록 규정하고 있다. 권력이 절대화해서 부패하는 것을 막기 위해 권력을 여러 국가기관에 분산시켜 인권을 보호하는 장치이다. 법률을 제정하는 입법권이 국회에 있다는 것은 제헌헌법 이래 변함없는 철칙이며, 헌법의 기본 원리이다.

그러나 독재자들은 헌법을 권력 행사의 장애물 혹은 장식물로 여겼다. 그들은 계엄을 선포하고 국민대표 기관인 국회를 무력으로 해산한 후 아무런 법적 근거 없이 국회를 대신해 마음대로 법을 만들 수 있는 입법 기구를 세웠다. 5·16 군사 쿠데타 이후 박정희가 만든 '국가재건최고회의', 유신 궁정 쿠데타를 위해 박정희가 만든 '비상국무회의', 5·17 내란 이후 전두환이 만든 '국가보위입법회의'가 그것이다. 헌법에서 규정하고 있는 국회 입법권을 완전 정지시키고, 권력분립 원칙을 위반해 자의적으로 만든 '가짜 국회'였다.

가짜 국회가 법률을 마음대로 만들기 전 가장 먼저 제정하는 법률이 있다. '법률을 만드는 기구'에 관한 법률이다. 일종의 모법母法을 만드는 것이다. 박정희가 국가재건최고회의를 만들고 제정한 법률이 '국가재건비상조치법'이다. 현역 군인으로 구성하는 국가재건최고회의를 대한민국 최고 통치기관으로 정하고, 이것이 국회의 권한을 행사한다고 정치군인들끼리 규정한 것이다.

박정희는 영구 집권 체제를 만들기 위해 1971년 12월 6일 국가비상사태를 선언하고, 같은 달 27일 '국가보위에 관한 특별조치법'을 공포한다. 정부가 국가비상사태를 선포할 수 있고, 언론·출판의 자유, 집회·시위의 자유를 금지할 수 있다는 내용의 법률이었다. 그러니까 국가비상사태를 먼저 발령한 뒤 법률을 만들어 이미 발령한 국가비상사태를 소급해 합법화한 것이다.

이어서 1972년 10월 23일에는 '비상국무회의법'을 만들어 정부가 국회를 해산하고 대신 입법 권한을 행사할 수 있다고 선포했다.

전두환은 박정희의 행태를 고스란히 답습한다. 군사 반란과 내란으로 권력을 장악한 후 국가보위비상대책위원회를 만들고 1980년 10월 28일 '국가보위입법회의법'을 제정한 것이다. 전두환이 임명하는 사람들로 입법회의를 구성해 '법률을 만들 수 있는 법률'을 제정했으니, 법에 대해 전혀 모르는 사람들도 이 정도면 법률이라고 부를 수 없다고 생각할 것이다. 헌법과 헌법의 가치를 완전히 유린한 악법의 전형이다.

이런 '가짜 국회'에서 독재자가 필요로 하는 헌법 개정안과 법률을 의결했다. 국가재건최고회의는 1,008개, 비상국무회의는 270개, 국가보위입법회의는 189개의 법안을 가결했다. 가짜 국회가 만든 법률이 총 1,467개에 이른다. 가짜 국회는 국민의 대표 기관이 아니라 악법을 대량생산해내는 권력자의 하청 공장이었다.

그렇게 만든 대표적 악법 몇 가지만 살펴보겠다. 박정희는 국가재건최고회의에서 '정치활동정화법'을 만들어 자신이 부정부패한 구정치인이라고 지목한 4,369명의 정치 활동을 금지했고, 전두환 역시 박정희 판박이처럼 '정치 풍토 쇄신을 위한 특별조치법'을 만들어 김대중·김영삼 등 유력 정치인의 정치 활동을 금지했다. 현실적·잠재적 경쟁자를 제거하는 정치적 도구로 악용한 악법이었다.

국가보위입법회의에서 만든 '언론기본법' 역시 비판적 언론을 제거 및 장악하기 위해 만든 악법 중 악법이었다. 독재의 가장 큰 특징 중 하나가 언론의 입을 틀어막는 것이다. 언론기본법은 언론의 이른바 '공적 책임'을 강조하며 자의적 판단에 따라 언제든지 언론사 문을 닫게 만들 수 있었다.

전두환 정권은 보안사 주도하에 전체 38개 언론사의 언론인 30%를 해직시켰다. 또한 정기간행물 취소 기준을 만들어 각종 정기간행물 172종을 취소 또는 강제로 통폐합시켰다. 기사의 내용과 크기, 제목, 사진까지 정해 배포한 '보도지침'은 언론사 입에 재갈을 물리는 통제와 검열 수단이었다. 게다가 헌법을 개정하면서 가짜 국회에서 자의적으로 만든 법률에 대해 "법률효력을 지속하며 헌법 기타의 이유로 제소하거나 이의를 할 수 없다"는 조항을 헌법 부칙에 만들어 붙였다. 교활하게도 이들 법률의 합법성에 대해 의문을 제기할 수 있는 방법을 아예 봉쇄한 것이다.*

그런데 국가보위입법회의법은 헌법이 규정한 입법기관이 아니므로 위헌이며, 위헌 기구인 국가보위입법회의가 제정한 사

---

* 대한민국헌법(헌법 제9호. 1980. 10. 27.) 부칙 제6조. 대한민국헌법(제8호, 1972. 12. 27.) 부칙 제7조.

회보호법 역시 위헌이라는 소송에서, 헌법재판소는 "국가보위
입법회의법 위반으로 기소된 것도 아니고, 어떤 법률이 국가보
위입법회의에서 제정 또는 개정되었다는 이유만으로 그 제정
또는 개정 절차에 위헌적 하자가 있다고 다툴 수 없다"며 판단
을 회피해버렸다.*

다만 "'국가보위에 관한 특별조치법'이 초헌법적인 국가긴급
권을 대통령에게 부여하고 있어 헌법을 부정하고 파괴하는 반
입헌주의, 반법치주의 위헌 법률이고, 대통령이 '마음 내키는
대로 적용할 수 있게 되어' 남용·악용 소지가 매우 크다"며 위
헌 무효라고 판단했다.** 가장 안타까운 것은 국회와 정부가 독
재 권력으로부터 벗어난 후 적극적으로 나서서 법의 위헌 요소
를 없앨 기회가 있었는데도 이를 시정하려는 진지한 노력을 하
지 않았다는 점이다.

독재자들의 횡포는 헌법의 삼권분립으로 상징되는 권력분립
원칙과 공존하기 어렵다. 1789년 프랑스의 '인간과 시민의 권
리선언' 제16조가 "권리 보장을 확보하지 못하고 권력분립을
규정하지 못한 사회는 헌법을 가진 것이라 할 수 없다"고 규정
한 이유를 알 수 있다.

권력분립이 무너지는 것은 결국 헌법의 기본권, 인권이 무너

* 헌법재판소 2001. 3. 12. 99헌바7.
** 헌법재판소 1994. 6. 30. 92헌가18.

지는 것과 같다. 헌법이 아무리 정교하고 멋지게 기본권을 규정하더라도, 국회를 마음대로 해산하고 국민의 대의기관 대신 자기 입맛에 맞는 가짜 국회를 만들어 독재자 뜻에 맞는 법률을 제정해 적용하는 상황에서 인권은 무용지물이 된다.

권력분립과 인권은 헌법 국가, 민주공화국의 중요한 징표이다. 허리뼈가 부러지면 걸을 수 없는 것처럼 권력분립이 무너지면 인권은 심각한 장애를 입는다. 독재자들의 거친 발길질에 헌법의 허리가 잘리면서 수많은 사람이 감옥에 가고 고통을 받았다. 이런 상황에서 국민에게 법을 믿으라 하고 법치주의를 훈계한다 해서, 법에 대한 믿음이 생기고 법치주의에 대한 신뢰가 생길 수는 없다.

역대 독재자와 대통령은 항상 법과 질서를 강조했다. 법은 곧 질서이고, 법을 어기며 저항하는 것은 혼란이라는 이분법적 도식으로 편을 갈랐다. 악법에 대한 저항이 진정한 법치주의를 향한 열망이라는 사실은 무시했다. 죽창을 든 동학농민군, 횃불을 든 3·1운동 참가자, 화염병을 든 학생, 6월 민주항쟁 때 거리로 나선 넥타이 맨 회사원, 촛불집회에 유모차를 끌고 나온 엄마, 인터넷 댓글로 정치적 불의를 규탄하는 누리꾼⋯⋯. 법의 실존적 위기 상황에서 그들의 모습과 행동은 각각 달라도 정의를 향한 희망의 서사는 동일했다. 그 희망의 서사는 부정의하고 부조리한 악법을 해체하고, 정의로운 법질서를 세우는 것이었다.

자크 데리다는 "법을 해체할 수 있다는 것은 불운이 아니다. 우리는 심지어 여기서 모든 역사적 진보의 정치적 기회를 발견할 수도 있다. 정의는 해체 불가능하다. 해체는 정의이다"*고 말한다. 법과 법치주의는 정의로울 때만 소중한 질서가 되고, 해체의 대상이 아니다. 정의가 결여된 악법은 혼돈과 억압의 질서일 뿐이고 해체의 대상이 되는 것이 마땅하다.

3. 인권의 최후 보루,
검찰·법원에서 왜곡된 법 논리

악법이 어지럽게 대한민국을 배회하고 있을 때 '공익의 대표자'라 불리는 검찰과 '인권의 마지막 보루'라 불리는 법원은 무엇을 했을까? 이에 대해 민청학련과 인혁당재건위 사건을 변론한 한승헌 변호사의 이야기를 들어보자.

긴급조치를 비방하는 것도 긴급조치 위반이라고 했다. 절도죄를 비난하면 절도죄가 된다는 식이다. 긴급조치 사건이라 그런지 재판도 긴급조치로 해치웠다. 긴급조치 1호 위반의 사건 번

---

* 자크 데리다, 《법의 힘》, 진태원 옮김, 문학과지성사, 2004, 33쪽.

호 1호인 장준하·백기완 사건은 기소 10일 만에 첫 공판을 열고 징역 15년 구형, 바로 다음 날 징역 15년 선고, 이런 식이었다. 초스피드 못지않게 놀라운 것은 묻지마 양형이었다. 구형에서 한 푼도 깎아주지 않는 판결, '정찰제 판결'이었다. 나는 그때 말했다. "우리나라 정찰제는 백화점 아닌 삼각지 군법회의에서 확립되었다고 역사는 기록할 것이다." **

그의 말은 이렇게 이어진다.

몸서리치는 고문 협박의 참상을 폭로하면서 억울한 혐의를 벗어보려고 했다. 그러나 재판부는 마이동풍이었다. 피고인들 진술은 법정에서조차 제지당했고, 피고인 측 증인 신청은 무작정 기각되는가 하면, 검찰 측 증인은 변호인 측에 알리지도 않은 채 비밀리에 신문했다.***

고문에 의한 허위 자백을 주장하자 "일건 기록을 정사하여도 고문했다는 증거가 없다"고 했다. 대법원도 상고기각이 18번이요, 지정곡처럼 되었다.****

**   한승헌, 《법치주의여, 어디로 가시나이까》, 삼인, 2018, 69쪽.
***   한승헌, 《한 변호사의 고백과 증언》, 한겨레, 2009, 170쪽.
****   한승헌, 《법치주의여, 어디로 가시나이까》, 삼인, 2018, 70~72쪽.

인혁당재건위 사건으로 피고인 여정남, 서도원, 김용원 등 8명에 대한 사형이 집행될 당시 한승헌 변호사 역시 반공법 위반으로 감옥에 갇혀 있었다. 중앙정보부가 한승헌 변호사에게 그가 맡은 김지하 시인의 시국 관련 사건 변호를 그만두라고 요구했는데 이를 거절한 것이 빌미가 되었다. 중앙정보부는 한승헌 변호사가 쓴 글에서 법조인의 법적 소신과 양심에 따라 사형제도 폐지 내지 완화를 주장한 내용을 북한을 이롭게 한 것이라고 문제 삼았다. 남산 중앙정보부 지하로 강제 연행한 후 잠도 재우지 않고 취조하며 "한강에 던져버리겠다"고 협박하고, 북괴 주장에 동조했다는 자백을 강요했다.

법원은 한 변호사가 유죄라고 판결했다. 변호사 자격까지 박탈해 8년 6개월 동안 변호사 활동을 막았다. 검사 출신이었던 한 변호사가 자신의 신분 변화에 대해 묘사한 표현을 그대로 옮기면 '재조在朝(조정에서 벼슬을 살고 있음. 공무원인 검사 신분이라는 뜻)'에서 '재야在野(공직을 그만두고 변호사로 활동)'로, 재야에서 '황야荒野'로 쫓겨난 셈이다.

인권 옹호 기관이어야 할 검찰·법원이 법률가로서 양심을 버리고 정권에 의해 자행된 고문과 가혹 행위에 눈을 감아버렸을 뿐 아니라, 인권을 지키고 은폐된 진실을 밝히기 위해 헌신한 변호사의 삶까지 송두리째 뭉개버린 것이다.

고문·가혹 행위로 조작된 사건의 법 논리

정권에 의해 조작된 각종 공안 사건은 한둘이 아니다. 남조선해
방전략당 사건, 인혁당재건위 사건, 유럽간첩단 사건, 문인간첩
단 사건, 최종길 교수 사건, 납북귀환어부간첩조작 사건, 재일교
포유학생간첩단 사건, 민족일보 사건 등등은 모두 독재자가 권
력의 제물로 삼은 사건이다.

조작 사건의 공통점은 고문으로 조작한 가짜 팩트가 버젓이
진실처럼 행세했고, 인권은 철저히 유린되었다는 것이다. 영화
〈변호인〉과 〈자백〉에 등장하는 잔인한 고문 장면은 허구가 아
니라 실제로 있던 사실이다. 수사기관은 정부에 반대하고 저항
하는 이들을 간첩이나 민주주의 파괴자로 만들고자 했는데, 그
럴만한 증거가 없기 때문에 고문을 통해 거짓 자백을 얻어냈다.
자백이 가장 중요하고 확실한 증거이기 때문이다. 형사소송에
서는 자백을 '증거의 왕'이라고 한다.

마녀재판의 광기가 휩쓸던 중세 유럽에서도 고문을 통한 자
백은 처벌의 중요한 무기였다. 마녀 혐의자를 처벌하기 위해서
는 두 명 이상의 목격자가 있거나 자백을 받아야만 했다. 그런
데 애초 마녀란 존재하지 않았으므로 목격자를 두 사람 이상 확
보하는 것이 거의 불가능했다. 그래서 혐의자의 자백을 받기 위
해 온갖 고문이 횡행했고, 고문에 의해 허위 자백을 하면 이를
사실로 간주해 처벌했다.

동서양을 불문하고 고문의 뿌리는 깊고 잔인했다. 사극에서 죄인을 심문하며 매로 가격하는 신장訊杖, 다리를 묶은 후 두 다리 사이에 몽둥이를 끼워 넣고 벌려 고통을 주는 주리周牢, 숯불에 달군 쇠로 몸을 지지는 낙형烙刑 등을 누구나 한 번쯤 보았을 것이다. 실제 조선시대 의금부 등에서 행했던 합법적인 고문의 모습이다. 일제강점기에는 독립운동가들을 처벌하기 위해 몽둥이찜질, 전기고문, 물고문, 손톱 발톱 빼기 등이 일상적인 수사 기법으로 정착했고, 해방 이후 일제 고문 경찰이 그대로 대한민국 경찰이 되면서 고문은 자연스러운 수사 기법으로 굳어버렸다. 일제 악질 고문 경찰관 노덕술이 반민특위에 체포되자 이승만 대통령이 "노덕술은 치안 기술자이니 정부가 보증해서라도 풀려날 수 있기를 바란다"고 말했을 정도이니 더 말할 필요도 없다.

잔혹한 고문을 근절하기 위해, 헌법과 형사소송법은 "피고인의 자백이 고문·폭행·협박·신체구속의 부당한 장기화 또는 기망欺罔 기타의 방법으로 임의로 진술한 것이 아니라고 의심할 만한 이유가 있는 때에는 이를 유죄의 증거로 하지 못한다"고 규정하고 있다. 이것을 법률가들은 '자백 배제 법칙'이라 부른다.

이렇게 법률에 고문을 금지하고, 증거로 사용할 수 없도록 했는데도 왜 법원은 고문 조작 사건을 모두 유죄로 인정했을까.

여기에는 교묘한 법리 장난이 숨어 있다. 피고인이 고문을 당해 자백했다고 수장하는 경우, 그러한 고문이 있었다는 사실을 누가 입증해야 하는가. 모든 범죄 사실에 대한 입증 책임은 검사에게 있다. 검사가 입증을 못 하면 증거 부족으로 무죄를 선고해야 하는 것이 법이다.

그런데 법리에 밝은 판사들이 이러한 원칙을 비틀었다. 대법원은 "고문을 당했다는 것은 이례적이므로 진술의 임의성은 추정된다"며 "검사가 진술 임의성에 대한 입증 책임이 있는 것은 아니"라고 판결했다.* 진술의 임의성이란 고문 등에 의해 강제로 진술하거나 자백한 것이 아니라는 의미이고, 진술의 임의성이 추정된다는 것은 어떤 사실에 대한 반대 증거가 나오지 않는 한 강제성 없이 자발적으로 진술한 것으로 인정한다는 의미이다. 간단히 말해, 고문당했다고 주장하는 사람이 고문 사실을 입증하라는 것이다.

수사기관이 불법적으로 행해온 모든 수사 방법에 눈을 감아버리는 엉터리 판결이었다. 피해자에게 지하실에서 아무도 모르게 가해진 고문 사실을 입증하고, 누구인지도 모르는 이름 없는 가해자를 찾아내라는 것은 불가능한 요구이다. 인권유린의 역사나 자백 배제 법칙의 입법 취지를 완전히 무시했을 뿐 아니

---

* 대법원 1983. 3. 8. 선고 82도3248 판결.

라, 범죄 사실을 입증해야 하는 주체는 검사라는 가장 기본적인 원칙을 부정한 해석이었다.

상급 기관인 대법원이 이렇게 판결해버리자 이를 기준으로 일선 법원에서도 수많은 인권유린 주장에 눈을 감아버렸고, 결과적으로 독재자에게 부역하는 판결이 이어졌다. 한승헌 변호사가 지적하는 "고문했다는 증거가 없다"는 판결이 반복된 까닭이다.

이런 판결에 대해 비판이 거듭되자, 대법원은 의견을 살짝 바꾸었다. "임의성이 없다는 주장만으로는 불충분하며, 법관이 자백의 임의성 존부에 관하여 상당한 이유가 있다고 의심할 만한 고문·폭행·협박 등 구체적 사실을 들어야 하고 그에 의하여 자백의 임의성에 합리적이고 상당한 정도의 의심이 있을 때 비로소 검사가 입증 책임이 있다"는 것이다.*

민주화가 진행되면서 법원 태도는 또 바뀌었다. 임의성에 다툼이 있을 때에는 그 임의성을 의심할 만한 합리적이고 구체적인 사실을 피고인이 입증할 것이 아니라, 검사가 그 임의성의 의문점을 해소하는 입증을 해야 한다는 판결이 내려졌다.** 피해자가 고문을 당했다고 주장하면 무조건 검사가 고문이 없었다는 사실을 입증하라는 판결이 마침내 나온 것이다. 애초부터

---

* 대법원 1984. 8. 14. 선고 84도1139 판결.
** 대법원 1998. 4. 10. 선고 97도3234 판결.

이래야 마땅했던 판결이다.

그동안 법원은 사법 살인에 동참한 주체로서 무고한 범죄자를 양산하며 정의를 유린하는 주역이 되어버렸다. 나아가 적극적으로 정권을 옹호하기까지 했다. 이승만 대통령의 비서관 출신으로 1968년부터 무려 10년간 대법원장을 역임한 민복기는 "유신은 인권 보호에 필요"하다고 말했다. 표현의 자유를 지지한 소신 있는 판사들에게 보복 인사 조치를 한 제5공화국의 유태흥 대법원장은 "투철한 국가관에 의한 판결"을 강조했다.

그나마 유신 말기부터 제5공화국 초기에 대법원 수장을 맡았던 이영섭 대법원장이 퇴임을 하며 "[재임 시절] 모든 것이 회한과 오욕으로 얼룩졌다"고 개탄했을 뿐이다.

이렇듯 법관들이 보여준 모습은 독재자의 시녀라는 혹독한 비판을 면할 수 없게 했고, 국민은 경찰과 검찰은 물론이고 법원도 믿지 못하게 되었다. '법은 멀고 주먹은 가까운' 세상이었다. 법치주의는 실종되었다. 고문 피해자들이 몸부림치고 있었지만, 고문 경찰관 이근안 같은 사람은 "나는 고문 기술자가 아닌 애국자"라고 떵떵거리며 돌아다녔다.

법정에 선 사법농단

박근혜 전 대통령의 국정농단 사건 진행 중 '사법농단' 의혹이 터졌다. 양승태 대법원장은 이 사건으로 헌정사상 최초로 구속

·기소당한 대법원장이 되었다.

검찰이 재판에 넘긴 양 전 대법원장의 범죄 사실은 ① 상고법원 추진 등에 대한 청와대 측의 협조를 얻어내기 위해 강제징용 손해배상 사건, 전국교직원노동조합(전교조) 법외노조화 사건, 국가정보원의 대선 개입 상고심, 통합진보당 의원직 상실 관련 행정소송 등의 재판에 개입하고 거래한 의혹, ② 양 대법원장의 추진 사업 및 방침을 비판하는 판사들을 사찰하고 인사상 불이익을 준 사법부 블랙리스트 작성 혐의, ③ 현직 판사의 법조 비리 의혹을 은폐하거나 수사 확대를 저지하려 했다는 내용 등의 직권남용권리행사방해 혐의이다.

양 전 대법원장은 "[검찰은] 흡사 조물주가 무에서 유를 창조하듯이 300여 페이지 되는 공소장을 만들어냈다. 정말 대단한 능력"이라며 "무소불위의 검찰에 대해 내가 가지고 있는 무기는 호미자루 하나도 없다"면서 무죄를 주장했다.

직권남용권리행사방해죄란 공무원이 직권을 남용해 타인으로 하여금 이행할 의무가 없는 일을 강제로 하게끔 하거나 권리행사를 방해하는 것을 말한다. 검찰은 박근혜 정부가 비판적 예술인들에 대해 문화예술진흥기금 사업 배제 등을 실행한 블랙리스트 역시 직권남용이라고 기소했으나, 대법원의 의견은 달랐다.

대법원은 대통령비서실장 김기춘 등이 문화예술진흥기금 등

정부 지원을 신청한 개인과 단체에 대해 이념적 성향이나 정치적 견해 등을 이유로 지원 대상에서 배제하도록 지시한 것은 문화국가 원리, 표현의 자유, 평등 원칙, 문화의 다양성·자율성 등에 관한 헌법과 법률에 위반되므로 직권남용에 해당한다고 인정했다. 하지만 직권남용죄는 직권남용 외에도 의무 없는 일을 하게 하거나 권리 행사를 방해해야 성립하는데, 공무원이 각종 명단을 송부한 행위, 수시로 진행 상황을 보고한 행위 등은 사업의 적정한 수행에 대해 문체부의 감독을 받으며 문체부 지시에 협조할 의무가 있으므로 의무 없는 일을 하게 했다고 볼 수 없다며 무죄 취지로 판시해 고등법원에 사건을 돌려보냈다.*

대법원이 직권남용죄를 엄격하게 해석해 법령에 위반되지 않는 한 공무원에게 의무 없는 일을 하게 한 행위에 해당하지 않는다고 판결한 것을 비판하는 사람도 있다. 하지만 공무원의 업무는 직무 권한 범위 내에서 효율적으로 진행될 필요성이 있으며, 상호 의견 조율과 조정이 필요해 협조와 의견 교환이 통상적으로 이루어져야 하고, 공무원의 합리적 재량이 필요한 경우 이를 금지하는 것은 정당하지 않은 점 등을 생각해보면 대법원 판례를 마냥 비난하는 것도 맞지 않다.

대법원의 위와 같은 해석 태도를 볼 때 양 전 대법원장의 향

---

* 대법원 2020. 1. 30. 선고 2018도2236 전원합의체 판결.

후 재판에서도 "법관의 사건 재판에 침해·관여한 행위는 사법부 법관의 재판 독립을 보장하는 헌법에 위반되므로 직권남용에는 해당하지만, 법관은 다른 법관의 재판에 관여·침해할 권한이 없어 직권남용이 성립하지 않고,* 법령 등에 근거하여 통상적인 사법 행정 차원에서 이루어진 업무 보고 등은 의무 없는 일을 하게 한 때에 해당하지 않는다"는 이유로 상당 부분 범죄 사실을 무죄로 선고할 가능성이 크다. 만일 위와 같은 이유로 무죄가 선고되면 양승태 및 관련 법관들은 법률상으로는 일부 면죄부를 받을 것이다. 그렇지만 형사사건에서 일부 면죄부를 받는다 하더라도 양승태의 사법농단 행위가 헌법과 법률을 위반한 행위라는 점은 변함이 없으며, 그러한 반도덕적·반윤리적 행태는 사법 치욕의 역사로 기록될 것이 분명하다.

법과 양심을 금과옥조로 삼아야 할 법관들이 박근혜 정부에서 '청와대 변호인'을 자처하며 벌인 부끄러운 행동은 그 외에도 많다. '전교조 법외노조화 사건'도 그중 하나다. 전교조를 법적으로 인정하지 않음으로써 노조 명칭도 쓸 수 없고 단결권·단체교섭권·단체행동권 등 노동자의 법적 권리를 행사할 수 없도록 한 사건인데, 중립을 지켜야 할 법원행정처가 고용노동

---

* 직권남용은 일반적 직무 권한이 있는 공무원이 권한을 남용하는 것이고, 일반적 권한이 없는 공무원이 그 지위를 이용해 행하는 불법행위와는 다르다는 것이 대법원의 견해이다. '죄형법정주의 엄격 해석 원칙'에 따라 불가피한 측면이 있는 것은 사실이나, 이에 대한 학자들의 비판도 있다.

부를 대신해 재항고 이유서를 대필해주었다.

그뿐인가. 일제 강제징용 손해배상 판결에 대해 일본 정부의 항의가 이어지자 박근혜 대통령과 김기춘 비서실장, 차한성 법원행정처장이 모의해 5년 동안 대법원 판결을 늦추고, 대법원장이 직접 나서서 일제 전범 기업 변호사의 의견서를 검토해주기도 했다.

이러한 상황에서 국민이 법원의 재판 공정성을 믿지 못하는 것은 당연하다. 오늘의 사법부 독립은 판사들이 독재정권과 싸워서 이룩한 것이 아니다. 숱한 시민의 절규와 피 흘림 속에서 쟁취한 민주주의 열차에 사법부가 무임승차한 것이다. 그럼에도 사법부의 일부 구성원은 법과 양심에 따른 재판이 얼마나 고귀한 가치인지 잊어버린 것 같다. 그렇지 않고서야 영화 같은 '부당 거래'가 어찌 가능하겠는가.

4. 사면권 남용

사면赦免은 지은 죄를 용서하며 형벌을 면제해준다는 뜻이다. 즉 범죄를 저지른 자에 대해 법원이 선고한 형을 소멸시키거나, 형 집행을 면제 또는 줄여주고, 복권시켜주는 것을 말한다. 사면은 절대 권력을 가진 군주가 처벌을 면제해주는 형태로 오래전부터 존재해온 제도이다. 왕의 말이 곧 법이고, 사람을 죽이고 살릴 수 있는 생사여탈권을 갖고 있던 시절에 사면권은 군왕의 당연한 권리였다.

한편 현행 헌법 제79조에서는 "대통령은 법률이 정하는 바에 의하여 사면·감형 또는 복권을 명할 수 있다"고 규정하며 하위 법률로 '사면법'이 제정되어 있다. 제헌헌법부터 현행 헌법까지 존속하는 제도이다.

과거 군주가 마음대로 행할 수 있던 제도를 법이 지배하는 오늘날에도 여전히 운영하는 것은 법의 불완전성 때문이다. 완전한 법과 법치주의는 존재하지 않는다는 사실을 법 스스로 인정하고, 사면을 통해 법의 불완전성을 보완 및 조정하는 구실을 하고자 한 것이다. 법의 경직성이 지닌 한계를 극복하고 형 집행에서 인간적·정치적 상황을 고려할 수 있도록 한 제도이다.

도로교통법 벌점 삭제, 행정처분 면제 조치 등을 통해 사소한 생계형 범죄를 저지른 사람을 일괄 사면하는 방식으로 국민 불편을 해소하고 사기를 진작한다거나, 과거 독재정권에 투쟁하다 처벌받은 사람 혹은 양심수에 대한 복권 조치를 통해 국민 화합을 도모하는 등 긍정적으로 사용할 수 있는 제도이다. 3·15 부정선거나 5·17 내란에 항거하다 유죄판결을 선고받고 감옥에 간 이들을 이후 사면해서 명예를 회복시켜준 것이 그 좋은 예이다.

이렇듯 사면 제도는 애초 불순한 의도로 출발한 것은 아니었다. 문제는 해방 이후 오늘에 이르기까지 역대 정권에 걸쳐 사면권이 용서해서는 안 될 자들을 용서하는 데 남용되었다는 사실이다.

김영삼 대통령은 12·12 군사 반란과 5·17 내란 범죄로 1997년 12월 최종 유죄판결을 선고받은 전두환, 노태우, 정호용, 장세동 등 신군부 인사를 확정판결 8개월 만에 사면해주었다. 헌법 파괴자와 그 주변 세력에 대한 사면은 사법 정의와 법치주의를 무너뜨린 대표적 남용 사례이다.

참회한 사실이 없는 자를 용서한 것도 문제였다. 사면은 받았으되 아직까지 참회하지 않고 있는 전두환은 자서전에서 자신을 "5·18 치유를 위한 씻김굿의 제물"이 되었다고 했다. 한술 더 떠서 그의 부인 이순자는 "전두환은 민주주의의 아버지"라는 망언을 계속하고 있다.

이명박 대통령은 타의 추종을 불허하는 통 큰 재벌 비리 '사면왕'이었다. 정몽구 현대·기아차그룹 회장, 최태원 SK그룹 회장, 김승연 한화그룹 회장, 이건희 삼성그룹 회장, 최원석 전 동아그룹 회장, 김우중 전 대우그룹 회장 등을 사면해주었다. 임기 마지막에는 세무조사 무마 및 금융기관 대출 알선 대가로 47억여 원을 받은 천신일 세중나모여행 전 회장, 건설 인허가

청탁을 받고 8억 원의 뇌물을 받아 구속된 최시중 전 방송통신위원장 등 최측근들을 사면해주었다.

우리 역사를 거슬러 올라가 세종의 사면 정책이 어떠했는지 살펴보자. 세종은 흠휼정책欽恤政策(죄를 신중하게 심의하고, 죄지은 백성을 불쌍하게 여기는 정책)을 펼쳤다. 관공서 물건을 가로채거나 뇌물을 받고 백성의 물건을 빼앗은 관리는 사면에서 제외하도록 하고, 사면받더라도 다시 채용하지 못하게 했다. "공신功臣으로 재물을 받은 자는 절대로 사면할 수 없다"는 처벌 기준도 마련했다.

반면 오늘날 속칭 '삼진 아웃'에 해당하는 절도 3범을 사형에 처하자는 논의에 대해서는 "절도란 궁핍한 백성들이 저지르는 일이니 그리 큰 죄도 아닐뿐더러 정상情狀도 가엾은데 차마 사형할 수 없다"고 했다.*

지금으로 말하면 대통령 측근에 해당하는 공신이나 공무원이 횡령을 하고 뇌물을 받으면 사면에서 제외한 반면, 가난한 백성의 범죄에 대해서는 관용을 베푼 것이다. 현대에 들어 문제가 된 사면권 남용에 대해, 세종은 이미 600여 년 전에 확실한 기준을 세우고 이를 방지했던 것이다.

사면 제도는 법원 판결을 무위로 돌려버리는 행위이므로 권

* 유성국, 〈세종의 사면정책〉, 《연세법학연구》 5권 1호, 1998, 2·23·26·27쪽 발췌 인용, 일부 용어는 현대 용어로 풀어 쓰고 해석을 덧붙임.

력분립 제도의 예외에 속한다. 지극히 예외적인 권리는 지극히 제한적으로 신중하게 사용하는 것이 권력의 절제이고 미덕이다. 그렇지 않으면 권력분립 제도가 뒤흔들리고, 법치주의와 법에 대한 불신으로 이어진다. 그래서 대통령과 지배 권력은 확고한 정치철학과 원칙을 갖고 헌법 질서를 어지럽히지 않는 헌법 친화적 사면을 해야 한다.

그런데 우리 헌정사에서는 사면 제도가 재벌 범죄, 고위 공직자 부패 사범, 최고 권력층의 측근 비리 사범, 헌법 파괴자들에게 악용됨으로써 그 존재 의미를 잃고 말았다. 아무리 거액의 뇌물을 수수하고 수천억 원을 횡령·배임하는 범죄를 저질러도 솜방망이 처벌을 받고, 시간이 조금 지나면 아예 통째로 면죄부를 주는 사면은 법치주의를 무너뜨리는 것과 다름없다.

사면권도 법이 제도적으로 인정하는 힘이다. 법의 힘이 정당성을 갖는 것은 국민이 지지하고 동의한다는 사실에 기초한다. 사면 역시 마찬가지이다. 법에 의해 대통령에게 주어진 사면권이라도, 국민의 법 감정과 정의를 무시한 사면권 남용은 독재자들의 물리적 폭력과 마찬가지로 법치주의를 무력화하는 또 다른 유형의 영악스러운 폭력이 될 수 있다.

사면이 사법부의 재판 효과를 무력화하고 남용된다는 점을 들어 아예 사면 제도를 폐지하자는 견해도 나오고 있다. 하지만 남용의 폐단에도 불구하고 사면이 갖는 유익한 기능을 무시할 수는 없다.

최근에는 각각 국정농단과 부패 범죄로 법원의 유죄판결을 받은 박근혜 전 대통령과 이명박 전 대통령을 사면하자는 주장이 제기되어 논란을 불러일으키기도 했다. 이들의 사면 문제를 결정하는 과정은 법치주의 신뢰 확보의 새로운 분기점이 될 것이다.

형벌 불평등과
장발장은행

1. 유전무죄, 무전유죄

"우리는 법 앞에 평등한가"라는 질문에 "그렇다"라고 속 시원하게 답변하기는 어렵다. 인류가 문명 질서를 만들 때부터, 법을 만들면서부터 지속된 질문이지만, 역사를 돌이켜보면 '법 앞의 불평등'이 오히려 보편적 현상이었다. 현대에 이르러서도 이 질문에 정답을 구하기 어렵기는 마찬가지이다.

1988년 서울올림픽대회가 끝난 직후인 1988년 10월 8일 교도소로 이송 중이던 지강헌(당시 35세) 등 12명의 수감자가 탈주하는 사건이 발생했다. 지강헌은 560만 원을 훔친 죄로 징역 7년과 보호감호 10년 등 통산 17년을 선고받은 죄수였다. 탈주 후 가정집에 침입해 가족을 인질로 잡은 지강헌의 요구로 인질극을 TV로 생중계하는 사상 초유의 일이 벌어졌다. 탈주범 2명은 권총으로 자살했고, 지강헌은 보컬 그룹 비지스의 노래 〈홀리데이〉가 흐르는 가운데 죽어갔다. 이 실화를 소재로 영화 〈홀리데이〉가 만들어지고, TV 드라마도 방영되었다.

　이 사건을 통해 유명해진 말이 있다. 탈주범 중 유일한 생존자 강영일이 법정에서 진술한 "유전무죄有錢無罪, 무전유죄無錢有罪"이다. 돈이 있으면 아무리 죄를 지어도 무죄가 되고, 돈이 없으면 없던 죄도 만들어진다는 이 말은 그저 범죄자들의 자기 정당화 논리로 들릴 수도 있을 것이다. 그럼에도 불구하고 이는 법 앞의 평등을 말할 때마다 언급되는 단골 용어가 되어버렸다. 우리 사회에서 가장 돈 많은 재벌 총수들의 범죄와 처벌 내용을 살펴보면 그 연유를 알 수 있다.

　지강헌이 560만 원을 절취한 범죄로 도합 17년의 형을 선고받은 것과 재벌 총수들의 범죄 및 선고 내용을 비교하면 법 앞의 평등이 구현되고 있다고 생각하기 어렵다. 재벌 총수들에 대한 처벌은 징역 3년에 집행유예 5년이 수학 공식처럼 반복되고 있다. 재벌의 법 앞 불패 신화는 계속 이어지고, 재벌 총수에 대한 솜방망이 처벌도 관례처럼 굳어지고 있다. 이러한 사실에 비추어보면 '유전무죄, 무전유죄'라는 말을 단순히 가진 것 없는 이들의 불평불만이나 범죄자들의 자기 합리화라고 탓하기 어렵다. 오히려 유전무죄, 무전유죄가 형벌 불평등을 가장 적확하게 지적하는 이 시대의 비극적 상징어가 되었다고 할 수 있다.

　외국의 경우는 어떠한가. 미국의 월드컴 CEO는 110억 달러의 분식회계를 저지르고 25년의 징역형을 받았다. 미국 최악의

〔표4〕 재벌 총수들의 범죄와 처벌

재벌(총수)	범죄 사실과 선고형	비교
삼성그룹 이건희	에버랜드 전환사채 헐값 발행 등으로 경영권 불법 승계, 4조 5,000억 원 차명 재산 보유로 465억 원 조세 포탈 혐의. 2009년 징역 3년 집행유예 5년 선고.	2009년 사면. 노태우 대통령 비자금 사건(징역 2년 집행유예 3년)도 1997년 사면.
현대자동차 정몽구	비자금 1,034억 원 조성, 회삿돈 700여억 원 횡령. 2007년 징역 3년 집행유예 5년 선고.	2008년 사면.
SK그룹 최태원	회삿돈 465억 원을 국외로 빼돌려 선물 옵션 개인 투자에 사용. 2013년 징역 4년.	2015년 사면. 분식회계 1조 5,000억 원으로 징역 3년, 집행유예 5년을 받은 범행도 2008년 사면.
두산그룹 박용만, 박용성	횡령 289억 원, 분식회계 2,797억 원. 2005년 징역 3년 집행유예 5년 선고.	2007년 사면.
한화그룹 김승연	3,200여억 원대의 회사 재산을 부당지출하고, 가족에게 주식을 헐값에 팔아 회사에 1,041억 원의 손해를 입힘. 2014년 징역 3년 집행유예 5년 선고.	아들 보복 폭행 사건으로 징역 1년 6월 집행유예 5년을 받은 전과는 2008년 사면.

회계 부정 사건이라는 기록을 세운 엔론의 전 CEO 제프리 스킬링은 24년 4개월의 징역형을 선고받아 지금도 감옥에 있다. 우리나라를 대표하는 재벌 총수에 대한 형과 비교되는 사례이다.

이들 재벌 총수는 어떻게 해서 저지른 범죄에 비해 이토록 가벼운 처벌을 받은 것일까. 그 힌트를 다음 에피소드에서 찾을 수 있다. SK그룹 최태원 회장의 사면이 확정되기 전에 그 결과를 미리 알게 된 김창근 SK이노베이션 회장이 "하늘 같은 은혜를 영원히 잊지 않고 산업보국에 앞장서겠다. 수석님의 은혜 또한 잊지 않겠다"고 청와대 안종범 경제수석에게 감사 문자메시지를 보냈다. 이는 박근혜 국정농단 사건 수사 기록에서 확인된 사실이다. 박근혜 전 대통령과 최태원 회장 사이에 부정한 청탁과 대가가 있었는지 국민적 의혹으로 부상했으나 아직도 진실은 밝혀지지 않고 있다. 하지만 부정 청탁 유무는 논외로 하더라도 분명히 드러난 것은 재벌은 범죄를 저질러도 대통령이나 권력자에게 직접 선처를 호소할 통로를 갖고 있다는 사실이다.

조선시대 죄를 범한 양반이 속전을 내거나 가노로 하여금 대신 처벌받게 한 것, 〈흥부전〉에 나오듯 가난한 자가 관가에 가서 남의 매를 대신 맞아주고 삯을 받던 매품팔이 또한 '유전무죄, 무전유죄'를 보여주는 사례이다. 로마제국 역시 같은 죄를 저질렀다 해도 유죄판결을 받은 자의 사회적 지위, 곧 상류층이냐 하류층이냐에 따라 그 처벌이 달랐다. 형벌 불평등의 뿌리는 이처럼 깊다. 그래서인지 과거 봉건 신분제도에서나 있을 법한 형벌 불평등이 개탄스럽게도 오늘날까지 그 생명력을 자랑하고 있다.

2. 형벌 불평등과 현대판 장발장

"인간은 자유롭게 태어났으나 도처에서 사슬에 묶여 있다"고 주장한 장 자크 루소는 인간 불평등의 기원이 소유권 출현에 있다고 보았다. 그 사슬에 묶여 있는 이 시대 장발장은 돈도 없고, 호소할 방법도 없다. 유전무죄, 무전유죄의 형벌 불평등 세상에서 가난이라는 쇠사슬에 묶여 벌금도 낼 수 없는 현대판 장발장 사연을 들여다보자.

19세의 한 대학생은 천애 고아로 스스로 힘들게 돈을 벌어서 명문 대학을 다니고 있었다. 학비 때문에 몇 번 휴학하기도 했다. 그는 학비를 벌려고 심야에 주유소에서 아르바이트를 했는데, 임금을 받지 못해 노동청에 신고했다. 그러자 주유소 사장은 대학생이 16,950원의 쿠폰을 절취했다며 역고소했고, 결국 대학생은 벌금 70만 원을 내라는 선고를 받았다. 훔쳤다는 쿠폰은 주유소 손님들이 받아가지 않은 것이었고, 대학생은 그 쿠폰으로 심야에 유통기한이 임박한 빵을 사 먹으며 허기를 넘겼다. 대학생은 벌금을 내지 못할 형편이었기 때문에 수배를 당하고 통장까지 압류당했다.

이런 '장발장'들의 사연은 끝도 없이 이어진다. 폐지인 줄 알고 주운 종이 상자 안에 든 감자 다섯 알 때문에 벌금 50만 원을 선고받은 독거노인, 버스에서 주운 카드로 쌀과 햄·두부

4만 4,940원어치를 구입했다는 죄로 벌금 250만 원을 선고받은 기초생활수급권자, 혼자 두 아이를 키우면서 우윳값 73만 원을 연체했다는 이유로 벌금 100만 원을 선고받은 미혼모, 소년원 출소 후 청소년 쉼터를 전전하다가 '교도소에 가면 잠잘 곳 걱정 없이 밥은 먹을 수 있다'는 생각으로 편의점에 들어가 자신의 신분증을 맡기고 커터 칼을 보여주면서 현금 7만 원을 훔쳐 벌금형을 선고받은 19세 소년 등등 절박한 사연은 이루 헤아릴 수 없다.

재벌이나 고위 관리들의 부패 범죄와는 비교할 수 없는 사소한 범죄를 저지른 잡범들이 교도소에 수감되고 있는 것은 법 때문이다. 형법에서는 형벌의 종류와 경중을 규정하고 있는데 벌금형보다 무거운 형벌이 사형, 징역, 금고, 자격상실, 자격정지이다. 통상 비교적 경미한 범죄, 과실 범죄 등에 대해서는 벌금형을 선고한다. 벌금형을 선고받은 사람이 벌금을 납부하지 않으면 그 벌금액에 상응하는 기간 동안 노역장에 유치시키는데, 이를 법률용어로 환형유치換刑留置라고 한다. 쉽게 말하면 벌금 대신 교도소에 갇혀 몸으로 때우라는 뜻이다.

요즘 법원에서는 벌금 10만 원을 하루로 계산해 교도소 유치를 명하고 있다. 예컨대 벌금 100만 원을 납부하지 못하면 10일 동안 교도소에 갇히는 것이다. 단기간 교도소에 수감시켜 신체의 자유를 박탈하는 것을 법에서는 단기자유형이라고 부른다. 단기자유형은 교도소에서의 범죄 오염 가능성이 크고, 가정과 직장을 파괴해 사회 복귀를 방해한다는 사실이 치명적 결함으로 지적되고 있다.

벌금형은 단기자유형의 단점을 극복할 수 있는 형벌로, 벌금형 자체가 나쁜 제도는 아니다. 그런데 가난 때문에 벌금을 납부하지 못해 벌금형이 단기자유형으로 바뀌면서 전혀 의도하지 않은 참혹한 결과를 낳고 있다. 벌금을 납부할 능력이 있는 사람에게는 가볍고 관대한 처벌이 되지만, 그렇지 못한 사람에게는 무겁고 잔혹한 형벌이 되어버린다. 제도적 미비로 인해 벌금형이 엉뚱하게도 야만스러운 형벌로 바뀐 것이다.

동일한 과오를 범한 처벌에서 누구는 전혀 고통을 느끼지 않는데 누구는 극심한 고통을 겪어야 한다면, 이를 법 앞의 평등이라고 보기 어렵다. 실질적으로는 형벌 불평등이다. 그러면 벌금을 납부하지 못해 교도소에 갇히는 현대판 장발장은 매년 얼마나 될까.*

연도	2015	2016	2017	2018	2019
유치 인원	47,855	48,660	45,923	41,498	40,036

표를 보면 5년 동안 한 해 평균 4만 4,794명이 벌금을 납부할

* 인권연대의 정보공개 청구 결과 법무부로부터 받은 자료. 2019년은 11월까지의 누적 통계.

능력이 없어 감옥에 수감되고 있다. 벌금을 납부하지 못해 감옥에 가야 하는 사람이 한 해에 4만 명을 훌쩍 넘는 사회. 이건 분명 문명국이 아니다. 야만스러운 형벌 국가의 민낯이다.

벌금을 납부할 수 없는 가난한 피고인이 법정에서 판사에게 집행유예를 선고해달라고 요청하는 일이 잊을 만하면 언론에 보도되곤 한다. 또는 돈이 없으니 벌금형 대신 무거운 형벌을 선고해달라고 간청하는 일도 생긴다. 법이 '가난'을 처벌하고 있는 현장의 모습이다.

이 시대 최하층에 있는 사회적 약자·빈자들에 대해 고민하지 않는 법과 법률가들. 형벌로 모든 것을 해결할 수 있다고 믿는 형벌만능주의. 이것이 오늘 우리가 목도하고 있는 형벌의 자화상이다. 현대판 장발장에 대한 형벌의 핵심 문제는 '법은 가난을 처벌할 수 있는가'라는 질문으로 응축된다.

3. 은행 아닌 장발장은행

이렇게 야만스러운 형벌로 변질된 벌금형 문제를 해결하기 위해 '장발장은행'이 출범해 활동하고 있다. 2015년 2월 인권연대가 설립한 이 은행은 시민들의 모금을 통해 마련한 기금으로 장발장에게 소액 벌금을 빌려주고 일정 거치 기간이 지난 뒤 이자 없이 원금만 나눠 갚도록 하고 있다. 장발장이 갚은 돈으로 또 다른 장발장에게 벌금 낼 돈을 빌려준다.

벌금을 납부할 능력이 없어 교도소에 들어가야 하는 이 시대 장발장에게 돈을 빌려주는 은행 아닌 은행이다. 돈을 소유하지 않는 은행이다. 장발장은행이 출범하면서 내건 글을 그대로 옮긴다.[*]

장발장은행이 문을 엽니다. 돈 없는 은행이 문을 엽니다. 돈을 갖고 있는 은행이고자 하지도 않습니다. 이자 놀이를 하는 은행은 더욱 아닙니다. 문턱은 없지만 아무나에게 돈을 꿔줄 수 있는 은행도 아닙니다. 장발장은행은 은행이지만 은행이 아닙니다. 아니 이것이야말로 진짜 은행이라고 믿고 있습니다. 이름에서 알 수 있듯 오직 장발장들만이 이용할 수 있는 은행입니다. 한 가지 분명한 건 채찍을 든 부성의 권력, 배제의 권력, 약자에게는 한없이 강한 율법 체제(자베르 체제)에서 사회적 모성을 품은 따뜻한 은행이고자 합니다. 가난은 그 자체로 처벌입니다. 장발장은행은 돈이 자유를 앗아가는 세상을 한 뼘이라도 밀어내고자 합니다. 자유! 이것이 장발장은행의 모토입니다.

[*] 장발장은행의 기획자이자 이름을 붙인 서해성 작가의 '장발장은행 제안서'의 글이다.

장발장은행은 2021년 4월 기준 총 941명에게 16억 5,230여만 원을 빌려주었고, 이 중 522명이 빌려간 돈을 갚고 있다. 10,225명의 개인, 단체, 교회 등이 지금까지 12억 5,800여만 원을 후원했다.

장발장은행의 컴퓨터 프로그램과 시스템을 만들어준 회사, 결혼 30주년을 위해 모아둔 여행 경비를 기부한 부부, 한평생 봉직하다가 은퇴하면서 받은 퇴직금 전체를 기부한 가톨릭 신부, 부끄럽게 돈만 알고 살아왔다면서 자신의 수입에서 거액을 기부한 영어 강사, 이름도 밝히지 않고 지속적으로 금액을 올려서 기부하는 사람 등등. 아름다운 영혼들이 있어 그래도 살 만할 세상이라고 할 수 있을 것이다.

장발장은행에서 벌금을 빌린 이 시대의 장발장들은 어려운 형편에도 잊지 않고 빌려간 돈을 갚고 있고, 이것이 또다시 가난한 사람에게 벌금을 빌려줄 수 있는 선순환의 고리를 만들어가고 있다. 장발장은행의 운영과 대출심사에 참여하고 있는 이들이 놀라는 이유이다.

어떻게 보면 빌려간 돈을 갚는 것은 당연하다고 할 수 있다. 그러나 당장 끼니를 때우는 일이 걱정인 가난한 사람에게는 쉽지 않은 일임이 분명하다. 그런데도 이들은 빌린 돈을 꼬박꼬박 갚아나감으로써 가난한 사람들의 영혼이 결코 부패하지 않았고, 책임감 또한 투철하다는 사실을 보여주고 있다.

홍세화 선생, 도재형 이화여대 법학전문대학원 교수, 민갑룡

전 경찰청장, 서보학 경희대 법학전문대학원 교수, 서해성 작가, 성준일 변호사, 양상우 전 한겨레 대표이사, 오창익 인권연대 사무국장, 최정학 방송대 법학과 교수, 하태훈 고려대 법학전문대학원 교수, 한정숙 서울대 서양사학과 교수로 구성된 장발장은행 위원들은 장발장은행이 더 이상 필요 없는 세상이 빨리 와서 은행이 폐업을 해야 한다고 입을 모은다.

하지만 운영을 시작한 지 6년이 넘도록 장발장은행의 문을 닫기 위해 꼭 이뤄져야 할 벌금형 제도의 개선은 요원하기만 하다. 현행 벌금 제도하에서 돈 없는 이가 벌금형 대신 자유형을 살지 않으려면 훌륭한 판검사를 만나는 행운에 기대야만 한다. 판검사가 이 시대 장발장의 현실에 대해 고민하고 벌금형의 본래 뜻인 정의 실현을 위해 '형벌의 개별화'를 해줄 수 있기 때문이다. 형벌의 개별화란 행위자 인격의 교화 개선에 적합하도록 형벌을 개별적으로 정해야 한다는 것을 이르는 말이다.

아무리 범법 행위가 가볍더라도 범죄자를 옹호하자는 주장이 결코 아니다. 법치주의의 예외를 인정하라고 말하는 것도 아니다. 다만 피고인에게 감당할 수 없는 것을 책임지라고 요구하는 것은 오히려 형사처벌에서의 '책임주의(범죄 형량도 책임의 크고 작음에 따라 결정해야 한다는 형법상의 원칙)'를 위반하는 일이 된다는 뜻이다. 가난과 불평등을 외면하는 것은 결코 정의가 아니다.

사회적·경제적 강자와 약자를 구분하지 않고 모든 사람에게 법을 기계적으로 동일하게 적용한다고 해서 평등하고 성숙한 법치주의라고 말할 수는 없다. 행위자가 감당할 수 있는 능력에 따른 사법 처리와 처벌, 감당할 만한 경제적 능력이 없거나 책임지는 게 불가능한 사람에 대한 법적 처리는 정의와 평등의 관점에서 적정한 형벌 개별화가 이루어져야 한다. 그래서 한 단계 더 깊은 고민과 대안이 필요하다.

4. 형벌 평등을 위한 대체형벌제, 일수벌금제

흔히 벌금 제도 개혁이 필요하다는 주장에는 "왜 죄지은 자를 옹호하느냐"는 지적이 뒤따른다. 범죄를 저지른 사람을 무조건 감싸고 감형시켜주기 위해 제도 개혁을 주장하는 것이 아니다. 벌금형의 사소한 범죄를 저지른 사람을 감옥에 가두지 않는 방법으로 죗값을 치를 수 있게 하자는 것이다.

죄를 지은 사람에게 사회봉사 등을 통해 죄책에 상응하는 책임을 질 충분한 기회를 부여하고, 이것도 어려운 경우 최후의 수단으로 감옥에 보내는 것이 본래 형벌 제도의 이념과 벌금형의 존재 이유에 부합한다. 그래서 장발장은행 위원들은 형법 및 형사소송법에 일수벌금제 도입, 벌금형에 대한 집행유예 도입, 벌금 분납·연납 명문화, 벌금 미납자의 사회봉사 집행에 관한 특례법을 개정해 사회봉사 개념을 확대할 것을 제안했다.

또한 벌금을 사회봉사로 대체할 수 있는 제도를 미처 알지 못해 이용하지 못하는 사람을 위해 사회봉사 활동 대체 방법을 의무적으로 알려주도록 하고, 사회봉사 신청 기간이 너무 짧아 이용하는 데 장애가 되는 것을 개선해 그 기간을 확대하고 이를 지원하자는 등의 의견을 내놓았다.

법률에서는 사회봉사라는 개념을 '보호관찰이 지정한 일시와 장소에서 공공의 이익을 위하여 실시하는 무보수 근로'로 좁게 한정해놓고 있어 사회봉사 영역을 확대 적용하고 활성화하는 데 걸림돌로 작용하고 있다. 이것을 폭넓게 바꾸자는 것이 장발장은행 위원들의 주장이다.

이들은 복지시설, 주거 환경 개선 사업, 농어촌 지원 사업, 환경 개선·보전 활동 등에 무보수 근로를 하거나, 보수를 받아서 벌금을 납부할 수 있도록 바꾸어보자고 제안한다. 휴전선 일대의 많은 휴경지나 국공유지에서 땀을 흘리고 일해서 스스로 먹을거리를 만들게 하고, 근로와 자활 의지도 키우게 하자는 꿈도 피력했다. 그러나 국회는 이런 제안에 관심도 없고, 무반응으로 일관할 뿐이다.

현행 벌금형은 "피고인을 벌금 100만 원에 처한다"는 형식으로 피고인이 납부해야 할 벌금 총액을 선고하고 있다. 이를 '총액벌금제總額罰金制'라 부른다. 반면 장발장은행에서 제안하는

'일수벌금제日收罰金制'란 벌금을 매기는 기준을 총액으로 결정하지 않는다. 벌금을 일수, 즉 시간으로 정하고, 각 피고인의 하루 벌금액을 그의 개인적·경제적 사정을 기초로 사람마다 달리 정하는 것을 말한다. 재산과 소득이 많은 사람에게 부과하는 벌금과 가난한 자들에게 부과하는 벌금형의 기준을 달리하는 것이다. 재벌에게는 1,000만 원이 하찮은 돈에 불과하지만 가난한 사람에게는 100만 원도 매우 큰 금액이므로 이를 고려해 벌금형을 정하는 제도이다.

현재 총액벌금제를 실시하고 있는 나라는 영국, 일본, 미국의 일부 주州 등이고, 일수벌금제를 실시하고 있는 나라는 스웨덴, 덴마크, 독일, 프랑스, 스위스, 오스트리아 등이다. 독일의 경우는 하루 벌금액을 1유로에서 3만 유로까지 3만 배의 차등을 둔다. 스페인에서 과속 운전을 한 축구 선수 미하엘 발락에게 1만 유로(한화 1,440여만 원)의 벌금을 부과하고, 핀란드 최대 기업인 노키아 부사장에게 오토바이 과속 운전으로 11만 6천 유로(한화 1억 5,300여만 원)의 벌금을 부과한 것이 일수벌금제의 대표적 사례이다.

일수벌금제는 총벌금액을 피고인의 재력에 비례해서 산정할 수 있다는 점 때문에 좀 더 평등하고 합리적이며, 가난한 자에게 부자보다 더 중한 책임과 해악을 부과해서는 안 된다는 정의 이념에 부합한다. 따라서 형벌을 민주화하는 데 매우 중요한 핵심 과제로서 대다수 학자들이 찬성하고 있다.

이에 대해 법무부는 대외적으로는 일수벌금제 도입을 반대하지 않는다고 말하면서도, 피고인의 재산 상태, 지불 능력 등을 조사해 벌금액을 산정하는 데 어려움이 많다는 이유로 '시기상조론'을 주장하고 있다.

법무부의 이 같은 시기상조론은 부동산실명제, 금융실명제, 4대 보험 가입 내용, 의료보험 가입 내용, 각종 세금 납부 실적, 국민기초생활보장법에 의한 수급권자, 전산 통합 시스템 등 경제적 정보 수집의 수단 및 체계가 비약적으로 발달하고 이용도 쉬워진 상황에 비춰볼 때 타당성이 없다.

검찰의 일수벌금제 도입 반대 주장은 심하게 표현하면 "열심히 일하기 싫다"는 뜻으로 해석할 수 있다. 일수벌금제를 도입할 경우 자료 수집, 조사, 분석 등에서 고려해야 할 요소가 대단히 많아져 그동안 비교적 쉽게 처리해온 벌금 사건이 매우 복잡하고 어려워지기 때문이다. 물론 이 권한을 법원에 줄 것인지, 검찰에 줄 것인지는 법률 내용에 따라 바뀔 수 있다.

검찰의 벌금형 기준에도 심각한 문제가 있다. 검찰은 벌금형을 구형하는 기준 지침을 검찰 내부용으로 보유하고 있고, 외부에 이를 일체 공개하지 않는다. 벌금형 부과 기준을 검찰청 내부 밀실에서 결정 및 집행하고 있는데 이 기준이 도대체 무엇인지, 합리적 근거에 기초한 것인지 전혀 알 수 없다. 즉 투명성과 객관성을 전혀 담보하고 있지 않다. 더구나 법원은 검찰이 구형한 벌금형을 특별한 사정이 없는 한 거의 손대지 않고 '붕어빵' 정찰제 판매처럼 그대로 확정하고 있는 게 현실이다.

2016년 1월 6일 국회는 500만 원 이하의 벌금형에 대해 집행유예 선고가 가능하도록 형법 제62조를 개정했다. 1953년 형법 제정 이후 62년 만이다. 이 법률이 통과될 수 있도록 큰 도움을 준 염수정 추기경과 뜻있는 일부 국회의원이 노력한 결과물이다. 하지만 벌금형에 대해 집행유예를 선고할 수 있도록 개정한 것은 벌금 제도 개혁의 출발점에 불과하고 앞으로 갈 길은 멀기만 하다.

이미 말한 것처럼 벌금 제도 개혁 방법으로 일수벌금제를 도입하고, 사회봉사특례법을 하루빨리 개정하는 등 입법 조치가 필요하다. 일수벌금제를 도입하기 위해서는 궁극적으로 입법이 필요하다는 데는 이의가 있을 수 없다. 하지만 자세히 들여다보면 개혁 입법 이전에라도 정부가 의지를 가지면 사실상 일수벌금제와 유사한 제도를 실시할 수 있다.

형법 제51조(양형의 조건)는 "형을 정함에 있어 범인의 연령, 성행, 지능과 환경, 범행의 동기, 수단과 결과 등을 참작"하도록 규정하고 있으며, 형법 제53조(작량감경)는 "범죄의 정상에 참작할 만한 사유가 있는 때에는 작량하여 그 형을 감경할 수 있다"고 규정하고 있다. 이러한 법조항은 법관의 재량에 의한 형벌 감경을 규정한 것이지만, 법을 집행하는 검사에게도 적용되는 사항이다. 따라서 위 법조항을 근거로 일수벌금제 실시에 대한 구체적 벌금 적용 지침을 대통령령으로 내리고, 검찰이 이 지침에 따라 구형을 할 경우 일수벌금제 도입과 동일한 효과를 낼 수 있다.

영국의 사례를 보면 총액벌금제를 유지하면서도 사실상 일수 벌금제 같은 효과를 거둘 수 있다. 3단계로 이뤄진 영국의 총액 벌금제 내용은 매우 정치하다. 벌금은 범죄의 중대성을 고려해 가장 적절한 벌금액이 얼마인지 결정하고, 범죄자 개인과 관련 해 감경할 사유가 있는지 고려하며, 마지막으로 범죄인의 재정 적 사정을 감안해 벌금을 증액하거나 줄일 수 있다.*

또한 법원은 범죄자의 수입에서 벌금을 자동 공제하도록 결 정할 수 있고, 벌금 미납자를 교도소에 수감하는 대신 무보수 근로 명령, 통행금지 명령(예컨대 저녁 7시부터 아침 7시까지 집에 머물도록 하는 명령 등), 운전면허 취소 등을 부과할 수 있다. 벌금을 즉시 납 부하는 자에게는 최고 50%까지 공제 혜택을 준다. 만약 범죄자 가 벌금의 일부를 미납했는데 고의가 아니라 지불 능력 때문에 그런 것이라고 판단될 경우에는 법원이 벌금의 전부 또는 일부 를 면제할 수도 있다.**

문재인 대통령 역시 대통령 선거 당시 공약으로 벌금의 분납 및 납부 연기 대상자를 확대하고, 소득에 따른 '차등벌금제' 등

---

* 권오걸, 〈영국의 형벌 제도 개관〉, 《법학논고》 제28집, 법학연구원, 2008, 397쪽.
** 권오걸, 같은 논문, 398쪽.

을 실시하겠다는 정책을 발표했다. 장발장은행 운영비 지원을 100대 국정 과제에 포함시키기도 했다. 차등벌금제는 일수벌금제를 지칭하는 것으로 이해된다. 하여 대통령 공약대로 입법 이전이라도 일수벌금제를 실시할 수 있도록 조치를 취해줄 것을 기대해보았으나 아직까지는 움직임이 전혀 감지되지 않는다.

벌금 미납자의 사회봉사 집행에 관한 특례법 제3조는 "국가는 경제적인 이유로 인한 노역장 유치를 최소화하기 위하여 벌금 미납자에 대한 사회봉사 집행 등에 관한 시책을 적극적으로 수립·시행해야 한다"고 규정하고 있다. 그러나 특례법이 있음에도 불구하고 법무부의 조치는 지지부진하다.

개혁 입법 이전에라도 취할 수 있는 조치는 또 있다. 현재 검찰이 일방적·비공개적으로 결정해 적용하고 있는 벌금형의 내부 기준을 투명하게 공개하는 것이다. 이것 역시 입법이 필요하지 않은 사항이다. 벌금형 기준의 투명한 공개를 바탕으로 검찰의 기준이 적정한지에 대해 법조인과 일반인의 의견을 대폭 수렴하고, 새로운 기준을 마련하는 작업이 하루속히 진행되어야 한다.

법원조직법에는 신뢰할 수 있는 공정하고 객관적인 양형을 실현하기 위해 대법원에 양형위원회를 설치하도록 규정하고 있고, 이에 따라 2007년부터 대법원 양형위원회가 활동하고 있다. 그동안 양형위원회는 주요 범죄에 대해 양형 기준을 제시하고, 법원도 이 기준을 준수하기 위해 노력하고 있는 것으로 보인다.

그런데 정작 형사사건의 약 80%를 차지하고 있는 벌금형에 대한 양형 기준은 아예 존재하지 않는다. 그 결과 검찰이 구약식명령(피고인이 법원에 출석하지 않은 상태에서 검사가 제출한 자료만으로 판결을 내리는 제도) 등을 통해 구형하는 벌금형은 법원에서 특별한 이변이 없는 한 거의 99%의 형량이 그대로 선고되고 있다.

법원은 검찰과 엄연히 다른 사법부 조직이며 검찰을 견제해야 할 기관이지만, 벌금형에서는 민주적인 사법적 통제가 전무하다시피 한 실정이다. 법원의 업무 과다 때문이라는 주장에 수긍이 가는 점은 있더라도, 한 해에 장발장을 4만 명이나 양산하는 책임으로부터 결코 자유롭지 못하다.

대법원 양형위원회는 장발장을 양산하지 않도록 벌금형 기준을 하루속히 투명하게 결정·제시해야 한다. 단지 장발장만을 위해 필요한 것이 아니라 투명하고 공정한 형사사법의 이념을 구현하기 위해서도 반드시 그래야 한다. 그렇지 않을 경우 직무방기와 무사안일주의라는 비난을 면하기 어렵다.

제도를 개혁하는 것은 모순과 갈등 속에서 해결책을 찾는 일인데, 우리나라 벌금 제도는 일차방정식을 겨우 해결하는 수준의 초보적인 법령 체계만 갖추고 있다. 우리는 인간을 중심에 두는 이차방정식, 고차방정식을 푸는 데 지혜를 모으지 못하고 있다. 이미 다른 나라에서는 법과 현실의 괴리·모순을 깨달아 실시하고 있는 제도를 우리는 외면하고 있다. 사회적·경제적 약자를 보호해야 한다고 이구동성으로 목청을 드높이면서도 돈이 없어 감옥에 가야 하는 사람들을 법의 온기로 감싸지 못한다. 이들을 우리 안의 타인으로 배척하는 것이 법의 원래 의도는 결코 아니다.

벌금 미납으로 발생하는 형벌 불평등 문제를 도식적이고 획일적·기계적 평등이라는 관점에서만 판단해 정당화하는 것은 이제 바뀌어야 한다. 벌금 제도 적폐 청산은 형벌 평등을 이룩해 이 시대 장발장의 눈물을 닦아주며 새로운 평등의 길을 만들어가는 일이다.

돈과 권력 있는 자는 죄를 지어도 자유를 누릴 수 있고, 돈과 권력이 없는 자는 경미한 범죄에도 감옥에 갇혀야 하는 법. 경미한 과오로 인해 벌금형을 받았으나 이를 납입할 수 없는 사람에게 돈과 자유를 맞바꾸도록 강요하는 법. 이는 비정상적인 사회이고 비민주적인 법임이 분명하다.

형벌도 민주화되어야 한다. 돈과 가난으로 인간 존엄성을 평가하는 사회와 법은 우리가 만들어가야 할 소중한 공동체나 국가의 모습이 아니다.

법이 말하는
진실과 정의

1. 법이 말하는 진실

우리 사회에서 각종 사건·사고의 진실을 갈망하는 절규와 몸부림은 어제도 오늘도 이어지고 있다. 2014년 4월 16일 발생한 세월호 참사의 발생 원인과 수습 과정 등에서의 진실, 부산 형제복지원에서 의문 속에 죽어간 513명의 사인과 가혹행위 여부 등 유폐된 진실, 군대 간 아들이 참혹한 주검으로 돌아온 이유 등 수많은 의혹과 질문이 인터넷과 광화문 거리를 배회하고 있다.

보통 사람들의 상식과 경험으로 이해하는 진실과 법에서 말하는 진실이 동떨어진 경우가 많다. 이는 진실을 무엇으로 보는가에 대한 입장 차이로부터 출발한다. 법률가들은 사회에서 발생한 사건에 대한 법적 진실을 '실체적 진실'이라고 부른다. 수사기관이 범죄행위를 수사하고, 법원에서 재판을 통해 진실을 밝히는 형사소송은 결국 과거에 존재한 사건의 사실 여부를 확정하고 이를 법적으로 판단하는 것을 의미한다. 타인의 재물을 몰래 훔쳤는지(절취), 타인을 속여서 재산을 빼앗았는지(편취) 혹은 타인을 살해했는지 등에 대한 사실을 규명하는 것이다.

왜 일반인들이 진실이라 지칭하는 것을 법률가들은 '실체적' 진실이라고 부르는 것일까. 이는 어떤 사건에 대해 진실을 규명하고 판단하는 작업이 모두 '인간이 하는 일'이므로 '절대적 진실'이라 할 수 없기 때문이다. 즉 법적 판단은 절대 불변의 영원한 진실을 말하는 게 아니며, 누구도 부인하기 어려운 객관적·과학적 진실을 의미하는 것 역시 아니다.

중세에 마녀 판별법으로 가장 흔히 사용한 방법이 물 실험이었다. 마녀로 지목된 자에게 무거운 돌을 달아 물에 던져서 물 위로 떠오르면 마녀와 교접한 증거가 되고, 물속에 가라앉아 죽으면 결백한 사람으로 간주했다. 실험에서 어떤 결과가 나오든 결국 죽을 수밖에 없는 판별법이었다. 이런 비상식적 행위에도 불구하고 교황까지 마녀의 존재를 공인하고 엄단하라는 칙서를 내렸으며, 마녀재판을 허가했다. 그들은 신의 이름으로 마녀의 '진실'을 밝혀냈다고 믿었고, 수많은 사람을 불태워 죽이는 만행을 저질렀다.

군사독재정권 시대도 마찬가지이다. '국가나 국가권력을 침해한 불법행위자', 즉 이른바 국사범에게 몽둥이찜질, 통닭구이고문, 물고문, 전기고문, 성고문 등을 자행하며 허위 자백을 받아 간첩으로 둔갑시키고 처벌했던 각종 조작 사건이 셀 수 없이 많다. 법과 진실의 이름으로 무고한 범죄자를 만들어내고, 억울한 이들을 감옥으로 보내 때로는 형장의 이슬로 사라지게 했다. 이것이 '실체적 진실'의 모습이다.

이렇게 고문을 통해 가짜 진실을 밝혀내는 시대는 이제 과거의 일이 되었다고 말하고 싶지만, 다시는 그런 일이 벌어지지 않을 것이라고 말하기도 어렵다. 대량 살상 화학무기를 설치한 테러리스트를 검거했다고 가정하자. 대량 살상 화학무기의 소재는 밝혀지지 않은 상태이지만, 이를 찾아내지 못할 경우 수많은 사람이 사망할 수 있는 시급한 상황이다. 이럴 땐 테러리스트를 고문해서라도 대량 살상 무기를 찾아내 무고한 시민의 목숨을 구해내야 하지 않을까. 그런 상황에서 고문을 허용해서는 안 되는가. 난제 중의 난제이다.

법률가라면 그 어떤 이유로도 법치주의 사회에서 고문을 허용할 수 없다고 말하는 것이 맞다. 때로는 법치주의를 지키는 것이 무기력해 보이더라도, 다른 방법을 찾아내 그 무기력으로부터 탈출하는 것이 정답이다. 법치주의를 타락시키는 유혹과 함정에 빠져서는 안 된다. 국가는 범죄자보다 도덕적으로 우월하고, 또 우월해야만 한다.

진실을 밝히는 것은 매우 어려운 일이다. 법률가들은 '개인의 주관적 진실이 아닌 객관적 진실을 발견하는 것'이 실체적 진실

추구라고 말하지만, 사실은 객관적이라는 개념 자체도 주관으로부터 자유롭지 못하다. 우리가 객관적이라고 부르는 것들도 개인의 주관적 경험과 관점이 녹아 있고, 다양한 해석이 보태져 있게 마련이다.

형사사건에서 진실을 일차적으로 판단하는 주체는 검사·검찰을 비롯한 수사기관이고, 최종적으로는 법원의 판사들이 판단한다. 그래서 형사소송에서 말하는 실체적 진실은 엄밀하게 말하면 '법적으로 가공 및 판단된 진실'이고, 법관의 최종적 해석에 해당하는 '법적 진실'일 뿐이다.

오늘날까지 전해져 내려오는 로마법의 "의심스러운 것은 벌하지 아니한다"는 법언은 이 진실의 한계를 여실히 보여준다. 현재도 '의심스러울 때는 피고인의 이익으로'라는 법 원칙이 작동하고 있다. 오랜 역사를 통해 법이 무고한 범죄자를 무수히 만들어낸 경험을 반영하고, 이를 경계하기 위한 것이다.

상대적 진실이라는 한계로 인해 법적 진실이 정의와 멀어지는 경우도 있다. 그럴 경우 진실이라는 이름으로 정의를 짓밟는 사태가 발생한다. 법적 진실은 오판誤判 가능성이 항상 열려 있다. 인간, 특히 법률가가 오판 가능성을 배제하는 오만함에 취해 있을 때 무고한 범죄자가 양산될 수 있다.

보통 사람들이 상식으로 이해하고 있는 절대적 진실 또는 움직일 수 없는 객관적 진실과 법률가들이 말하는 실체적 진실이다룰 때 의혹과 불신이 생겨나고, 수많은 의문 사건이 벌어졌다. 법조인으로서 양심을 지키려고 최선을 다했음에도 불구하고 인간이 갖는 한계로 인해 진실 규명에 이르지 못하거나 오판이 발생하는 경우도 물론 있다. 통탄스럽긴 해도 이해할 수 있는 일이다. 그런데 현실에서는 착오나 실수가 아닌, 악의적인 법 왜곡으로 진실을 비튼 사건 또한 많았던 것이 사실이다.

2. 잊혀가는 사건의 진실과 정의를 옹호하며

삼성 X파일 사건

1997년 대통령 선거 과정에서 이학수 삼성전자 부회장과 중앙일보 홍석현 회장 사이에 오간 대화 내용이 2005년 7월 MBC 이상호 기자에 의해 공개되었다. 국가안전기획부 비밀 도청팀, 곧 '미림팀'이 녹음한 불법 도청 파일에는 이들이 특정 대통령 후보에 대해 선거 자금 제공을 공모하고 검사들에게 이른바 떡값 뇌물을 주기로 한 내용이 담겨 있었다. 이른바 삼성 X파일 사건이다.

2005년 8월 민주노동당 노회찬 의원은 국회 법제사법위원회에서 삼성 X파일 내용 중 떡값을 받은 전현직 검사 7명의 실명을 거론하며 검찰 수사를 촉구하고, 그 내용을 보도 자료로 만들어 기자들에게 배포함과 동시에 자신의 홈페이지에 게재했다.

이 사건에서 도청 테이프 녹취록을 공개한 이상호 기자는 통신비밀보호법 위반으로 징역 6월에 자격정지 1년과 형의 선고유예를 선고받았고, 노회찬 의원 역시 징역 4월에 집행유예 1년, 자격정지 1년을 선고받아 결국 의원직을 상실했다.

정경유착의 권력형 비리를 저지른 것으로 추정되는 이학수·홍석현과 떡값을 받은 것으로 추정되는 검사들의 범죄 사실에 대해서는 공소시효(범죄를 저지른 후 일정 기간이 경과하면 범죄행위에 대한 국가 형벌권이 소멸되는 제도)가 완성되었다는 이유, 증거 자료가 불법 도청에 의해 만들어진 것이라는 이유(위법 수집 증거) 등으로 명확한 진실 규명조차 하지 않았다.

국회의원 면책특권

그러면 노회찬 의원과 이상호 기자를 처벌한 것은 정당하고 정의로운 판결이라고 할 수 있을까? 헌법 제45조는 "국회의원은 국회에서 직무상 행한 발언과 표결에 관하여 국회 외에서 책임을 지지 아니한다"고 규정하고 있다. 이를 국회의원 면책특권이라 부른다. 대법원은 노회찬 의원이 보도 자료를 만들어 기자들에게 배포한 행위에 대해서는 국회의원 면책특권에 해당하지만, 동일한 보도 자료를 국회의원 인터넷 홈페이지에 게재한 행위는 면책특권 범위에 속하지 않는다고 판단했다.*

과거 국회의원 면책특권과 관련한 사건으로는 신한민주당 유성환 국회의원의 '국시 발언'이 유명하다. 1986년 10월 13일 유성환 의원은 정기국회 본회의에서 "이 나라의 국시는 반공이 아니라 통일이어야 한다. 통일이나 민족이라는 용어는 공산주의나 자본주의보다 그 위에 있어야 한다"는 요지로 발언했고, 사전에 기자들에게 원고를 배포했다. 반공을 국가 정책의 최우선 이데올로기로 삼고 있는 데 대한 비판적 발언이었다.

검찰은 이 국시 발언이 북한을 이롭게 하는 것이라며 국가보안법 위반으로 유성환 의원을 구속 기소했다. 이로 인해 유성환 의원은 징역 1년, 자격정지 1년을 선고받아 9개월간 옥고를 치렀다. 통일 정책에 대한 발언을 국가보안법이라는 틀에 가두려한 전두환 독재정권의 속성을 잘 보여주는 사건이었다. 수많은 국가보안법 남용 사례 중 하나이다.

이에 대해 1987년 민주항쟁을 거치고 민주화가 어느 정도 진행되던 1992년 9월 22일에 이르러서야 대법원은 "국회의원이 국민의 대표자로서 자유롭게 그 직무를 수행할 수 있도록 보장하기 위하여 마련한 장치이므로 면책특권의 대상이 되는 행위는 직무상의 발언과 표결이라는 의사 표현 행위 자체에 국한되

---

* 대법원 2011. 5. 13. 선고 2009도14442 판결.

지 아니하고 이에 통상적으로 부수하여 행하여지는 행위까지 포함한다"고 판시하면서 유성환 의원의 행위는 국회의원 면책특권에 포함된다고 판단했다.*

하지만 삼성 X파일 사건에서 대법원은 유성환 의원 사건과 달리 노회찬 의원이 국회 발언 언론 보도 자료를 홈페이지에 게재한 행위가 면책특권의 부수적인 행위에 포함되지 않는 이유를 전혀 언급하지도 않은 채 통신비밀보호법 위반에 해당한다고만 밝히고 있다.

결론부터 이야기하면, 대법원의 판단은 수긍하기 어렵다. 동일한 내용을 기자들에게 알리는 것은 면책특권에 포함되고, 인터넷 홈페이지에 올리는 것은 면책특권에 포함되지 않는다는 것은 비상식적인 해석이다. 모호한 해석 기준으로 내린 자의적 판단이다.

헌법에서 규정하고 있는 '국회에서 직무상 행한 발언'의 '국회에서'라는 의미가 국회의사당이라는 물리적 공간을 의미하는 것이 아니라, 직무상 발언을 수식하고 한정하는 의미임은 분명하다. 국회의원으로서 입법 활동이나 국정 통제 활동 등과 관련해 직무상 행한 발언이라는 의미로 해석하는 것이 타당하다.

만일 이를 물리적·장소적 공간으로 해석하면 국회 내에서도

---

* 대법원 1992. 9. 22. 선고 91도3317 판결.

회의가 열리는 건물에서의 발언은 면책특권을 받고, 국회의원 회관이나 외부 국정감사 등의 장소에서 행한 발언은 면책특권에 해당하지 않는다는 기이한 결과를 초래한다.

대법원이 밝히고 있는 '부수 행위'라는 것도 국회라는 물리적 공간에서의 직무상 발언은 물론이고 그 외의 장소에서 행한 직무상 발언과 행위까지 포함한다는 의미로 해석된다. 그럼에도 대법원은 어떤 이유인지 알 수 없으나 여기에 대한 판단 자체를 고의적으로 누락시켰다.

또한 인터넷을 통한 소통이 필수적인 수단이 되어 있는 지금의 현실에서 오프라인으로 기자들에게 보도 자료를 배포하는 것은 적법하고, 온라인에 글을 게재하는 것은 위법하다는 판단도 수긍하기 어렵다. 부패 범죄를 알리는 방법·수단의 차이 외에 어떠한 차이점도 존재한다고 보기 어렵다. 대법원이 자의적 해석으로 국회의원의 인터넷 등 '온라인 이용 발언 금지법'을 만들어낸 것이나 다를 바 없다.

정경유착이 심히 의심스러운 상황에서 국회의원이 뇌물로 추정되는 떡값을 받은 검찰 간부들을 수사하라고 촉구하는 발언 내용을 홈페이지에 올렸는데, 이런 행위가 국회의원 면책특권 범위에 해당하지 않는다면 과연 어떤 행위가 면책특권에 해당한다고 할 수 있겠는가. 이는 법원이 법 해석이라는 명목으로 정의를 매몰시키는 판결이었다.

비밀 침해 행위인가

한편 검찰이 기소한 통신비밀보호법 위반 내용은 "금지되는 전기통신 감청과 공개되지 아니한 타인 간의 대화를 공개"했다는 혐의, 즉 '대화 비밀 공개 혐의'였다. 문제는 이것이 '비밀' 공개에 해당하느냐이다.

노회찬 의원이 떡값 수수 검사의 실명을 밝히기 전에 이미 이상호 기자가 속한 MBC에서 이에 관해 집중적으로 보도한 바 있다. 게다가 중앙일보와 삼성그룹에서도 대국민 사과를 했으며, 시민단체가 검찰에 고발하는 등 수많은 보도가 이어져 그 내용은 대중에게 충분히 알려진 상태였다.

이처럼 이미 피해자의 인격권이나 통신 비밀이 침해된 상태에서 이것을 '비밀'이라고 할 수는 없다. 아울러 이에 대한 재확인을 '공개'라고 할 수도 없다. 이미 공개된 사실을 다시 정리해 알리는 행위가 있을 때마다 이를 모두 비밀 공개에 해당한다고 보는 것은 인과관계를 무한정 인정하는 것으로, 납득하기 어려운 법리이다.

이 판결은 과거 법원이 무고한 사람들을 국가보안법 위반으로 처벌했을 때의 행태와 비슷하다. 논문이나 신문 보도 내용처럼 국내에서의 적법한 절차 등을 거쳐 널리 보도되고 알려진 공지의 사항이라도 반국가 단체인 북한에 유리한 자료가 되고, 대한민국에 불이익을 초래할 수 있는 것이면 국가 기밀에 속한다고 해석*하면서, 이런 자료를 이용한 사람을 국가보안법 사범으로 처벌하곤 했던 것이다.

정당행위가 아닌가

설혹 위 사건이 대화 비밀 공개에 해당한다고 가정하더라도 이러한 행위는 정당행위(형법 제20조. 사회 상규에 위반되지 아니하는 행위는 벌하지 아니한다)에 해당한다고 볼 수 있다.

대법원은 노회찬 의원의 행위가 "공개하지 아니하면 공익에 대한 중대한 침해가 발생할 가능성이 현저한 경우로서 비상한 공적 관심의 대상이 되는 경우에 해당한다고 보기 어려우며, 전파성이 강한 인터넷 매체를 이용하여 불법 녹음된 대화의 상세한 내용과 관련 당사자의 실명을 그대로 공개하여 방법의 상당성을 결여"했으므로 정당행위에 해당하지 않는다고 판단했다. 제2심 재판부에서 노 의원의 행위가 국회의원 면책특권에 해당하고, 인터넷 홈페이지에 게시한 것 역시 공익 목적을 위한 정당한 행위라고 판단한 판결을 대법원이 뒤집은 것이다.

이상호 기자의 삼성 X파일 언론 보도에 대해서도 "대화 내용이 비상한 공적 관심 대상이 되는 경우에 해당한다고 보기 어렵다"며 정당행위에 해당하지 않는다고 동일하게 판단했다.** 삼

---

* 대법원 1993. 10. 8. 선고 93도1951 판결, 이후 대법원 97도985 전원합의체 판결로 폐지.

성 X파일 사건은 검찰과 정치·경제계의 검은 유착 등을 적나라하게 보여주는 한국 사회의 부패 행태로, 엄청난 국민적 분노와 관심을 불러일으킨 사안이었다. 대통령 후보에게 불법 정치자금 제공을 모의하고, 최고위 검찰 인사에게 돈을 전달해 영향력을 행사하려는 것이 '비상한 공적 관심 대상이 아니'라는 대법원 판단은 수용하기 어렵다.

대법원 판결은 "대한민국 최고의 지위에 있는 권력자들의 불법행위에 대한 국민의 알 권리는 묵살되어도 좋다"는 선언과 다름없다. 공적 언론기관 역시 침묵하는 것이 마땅하다는 내용이다. 노 의원의 발언과 MBC 보도가 "국민 일반의 건전한 도덕관념이나 윤리 감정에 어긋난다"는 대법원 견해는 정의롭지 못하다. 오히려 대법원 견해가 건전한 사회 상식과 윤리에 반하는 것으로 보인다.

이 사건은 아직도 납득하기 힘든 많은 의문을 남긴 채 그대로 덮여버렸다. 정경유착 없는 깨끗한 사회를 열망한 국회의원과 기자는 신분과 직업을 잃었다. 반면, 녹음테이프에 나오는 정경유착의 진실 여부는 사라져버리고 떡값 수수 혐의를 받은 7명의 검사는 이 사건 이후 법무부 장관으로, 법무부 차관으로, 대검중수부장 등으로 검찰 최고의 권력 지위에 올라 승승장구했다.

** 대법원 2011. 3. 17. 선고 2006도8839 판결.

국회의원의 면책특권 악용 사례도 많다. 2002년 경부고속도로에서 50억 원이 담긴 스타렉스 차량을 통째로 인계받는 식으로 불법 대선 자금 1,000억 원을 거둬들인 일명 '차떼기 사건'이 벌어졌다. 이와 관련해 한나라당 국회의원 7명에 대한 체포동의안이 국회에 상정되었다. 결과는 부결이었다. 그 외에도 국회의원이 무책임한 허위 비방성 폭로나 인격 모독 발언으로 사회적 물의를 빚을 때 불체포특권과 면책특권을 남용한 사례는 비일비재하다. 이렇게 면책특권을 국회의원의 범죄행위 비호수단으로 악용하는 사례가 많아지면서 그러한 특권을 제한해야 한다는 의견도 제기되었다.

하지만 원래 국회의원 면책특권은 의회민주주의를 활성화하고 권력으로부터의 탄압을 방지하며, 국회의원으로서 자유롭고 소신 있는 입법 및 국정 통제 활동 등을 보장하기 위해 마련한 매우 중요한 제도이다. 문제는 면책특권 자체에 있는 것이 아니라, 저열한 수준의 정당정치와 썩은 정치 문화에 근본 원인이 있다.

3. 법은 무엇을 위하여 종을 울려야 하는가

초원복국집 사건

'강도 잡으라고 외친 사람은 강도죄로 처벌받고, 정작 강도는 처벌은커녕 오히려 출세하는' 기괴한 사건은 삼성 X파일 사건 외에도 많다. 그 유명한 '초원복국집 사건'을 보자.

1992년 제14대 대통령 선거는 민주자유당의 김영삼, 민주당의 김대중, 통일국민당의 정주영 후보 3자 구도로 진행되었다. 선거를 앞둔 12월 11일 오전 7시 부산의 음식점 '초원복국집'에 김기춘 법무부 장관과 부산시장, 부산지방경찰청장, 국가안전기획부 부산지부장, 부산시 교육감, 부산지방검찰청 검사장 등이 모였다. 이들은 민주자유당 후보 김영삼을 당선시키기 위해 지역감정을 부추기고, 정주영 통일국민당 후보와 김대중 민주당 후보 등 야당 후보를 비방하는 내용을 유포하자는 등의 공모를 했는데, 이 대화 내용을 정주영 후보 측에서 불법 도청해 국민에게 폭로했다. 당시 공모자들 사이에서 오간 "우리가 남이가. 이번에 안 되면 영도다리에서 빠져 죽어야 한다"는 발언은 오늘날까지 회자되고 있다.

수사 결과 초원복국집 사건에 개입했던 부산 지역 최고위 인사들은 모두 무혐의 처리되었고, 김기춘만 선거법 위반으로 불구속 기소되었다. 그런데 헌법재판소는 김기춘에게 적용한 대통령선거법 제36조 1항(선거 운동원이 아닌 사람의 선거운동 금지 조항)이 국민의 정치적 표현의 자유를 지나치게 제한해 국민주권주의에 위배된다며 위헌 선고를 했다.* 헌법재판소 결정에 따라 검찰은 김기춘에 대한 공소를 취하했고, 그 결과 이 사건에 연루된 이들은 아무런 처벌도 받지 않았다. 국민주권을 유린한 자들이 국민주권주의 이름으로 법의 보호를 받은 것이다.

주류 언론은 권력기관과 고위 공직자의 '불법 선거 개입'보다 상대 후보 측의 '불법 도청'을 더 집중적으로 부각시켰다. 이러한 언론 보도는 경상도의 지역감정을 자극해 통일국민당이 오히려 여론의 역풍을 맞았고, 김영삼 후보에 대한 영남 지지층이 결집하는 결과를 낳았다. 김영삼 후보는 제14대 대통령에 당선되었다. "권력은 복국집에서 나온다"는 말이 유행했고, 당초 예상을 벗어나 엉뚱한 결과가 나오는 현상을 가리켜 '초원복국집 효과'라는 신조어가 등장하기도 했다.

권력기관 고위 공직자의 비윤리성과 법적 처벌은 증발해버리고, 초원복국집 사건에 연루되었던 사람들은 경찰청장으로, 국가안전기획부 차장으로, 헌법재판소 재판관으로 승진했다. 오로지 대화를 몰래 도청 녹음해 고위 공직자의 관권 선거 개입을 폭로한 행위만 주거침입죄**로 처벌받았다. 권력자들의 비윤리가 승리했고, 그들은 환호의 나팔을 불었다. 그리고 1992년 초원복국집 사건에서 나타난 '뒤집힌 정의'의 모습은 13년이 지난 2005년 삼성 X파일 사건에서 똑같은 프레임으로 재현되었다.

---

* 헌법재판소 1994. 7. 29. 93헌가4 등.
** 당시에는 통신비밀보호법이 제정되기 전이었다. 따라서 음식점 주인의 허락 없이 불법 도청을 하러 침입했기 때문에 주거침입죄로 처벌받았다.

국정원 여직원 댓글 사건과 국정농단

이후에도 법률 '거간꾼'들에 의해 기괴한 일이 반복되었다. 2012년 제18대 대통령 선거 당시 국가정보원(이하 국정원) 여직원 댓글 사건과 2014년 정윤회 문건 유출 사건이다.

2012년 12월 11일 국정원이 대통령 선거에 댓글 조작을 통해 개입했다는 제보를 받은 민주당 이종걸 의원 등은 관련 국정원 여직원이 거주하고 있는 오피스텔에 선거관리위원회 직원과 경찰을 대동하고 찾아갔다. 이후 여직원은 35시간 동안 문을 열어주지 않고 대치했는데, 그 과정이 방송에 시시각각으로 생중계가 되다시피 했다.

박근혜 후보는 연약한 여성을 집단의 힘으로 감금했다고 주장하고 여당인 새누리당은 국정원 여직원 습격 사건, 문재인 후보의 반인권적 작태라고 격렬한 비난을 퍼부었다. 박근혜는 대통령으로 당선되었고, 여직원에게 대통령 표창장을 수여했다.

검찰은 당시 여직원이 집 밖으로 자유롭게 나갈 수 있는 상황이 아니었으므로 감금된 것이라는 희한한 논리를 적용, 이종걸 의원 등을 폭력행위등처벌에관한법률 위반으로 기소했다. 법조인이 아닌 일반인의 상식으로도 도저히 납득할 수 없는 기소 내용이었다. 당시 인터넷에 유행한 단어가 '셀프 감금'이었다. 결국 이종걸 의원 등은 5년 4개월 후인 2018년 3월 "경찰이 필요한 조치를 취해 안전하게 나올 수도 있었고, 강제로 막았을 것이라고 단정하기 어렵다"는 이유로 최종 무죄를 선고받았다.

2014년 11월 최순실(최서원)의 전남편 정윤회가 박근혜 전 대통령 재임 중에 이른바 '문고리 3인방' 등 청와대 인사들과 수시로 만나 국정에 개입했다는 내용의 청와대 문건 유출 사건이 보도되었다. 문건의 핵심 쟁점은 '국정농단의 실체가 있느냐' '권력 서열 1위 최순실, 2위 정윤회, 3위 박근혜 대통령이라는 내용의 진위가 무엇이냐'는 것이었다.

박근혜 대통령은 "지라시에 나라가 흔들리고 있는데, 이 문건은 모두 허위이다. 청와대 문서 유출은 중대한 국기 문란 사건"이라고 단호하게 말했다. 이러한 '대통령 말씀'은 수사의 가이드라인이 되었고, 검찰은 사건의 본질을 비선 실세의 국정 개입이 아닌 청와대 문건의 외부 유출로 호도해버렸다. 또한 검찰은 문건 내용이 허위라 결론 내리고 해당 문건을 작성한 행정관과 문건 작성을 지시한 비서관, 문건을 유출한 경찰 등을 대통령기록물관리법과 비밀 누설 등의 혐의로 기소했다.

'십상시' '문고리 3인방' 등으로 불리던 비선 실세들의 국정 개입 사건은 그렇게 묻혀버렸다. 당시 사건 수사를 지휘한 서울중앙검찰청 검사장은 그 공으로 검찰총장으로 승진했고, 청와대 민정비서관은 민정수석으로 영전했다. 법을 상품성 높은 최고가로 팔아넘긴 공로였다. 이로써 더 큰 비극의 씨앗이 잉태되었고, 마침내 최순실·박근혜 국정농단 사건이 벌어지고서야 최

순실과 문고리 3인방의 국정 개입 및 농단의 진실이 몸통을 드
러냈다.

박근혜 대통령에 대한 탄핵 소추 사유는 비선 조직인 최순
실로부터 추천받은 인사를 다수 공직에 임명하고, 대통령의 일
정·외교·인사·정책 등이 담긴 청와대 문건을 유출했으며, 재
단법인 미르와 케이스포츠를 설립하도록 지시한 데다 대통령
의 지위와 권한을 이용해 기업으로부터 뇌물 출연을 요구한
국정농단이었다. 요컨대 대통령 권한 남용과 정경유착이었다.
2017년 3월 10일 헌법재판소는 다음의 이유로 대통령 파면을
결정했다.

> 헌법과 법률 위배 행위는 3년 이상 지속되었고, 그 과정에서 대
> 통령의 지위를 이용하거나 국가의 기관과 조직을 동원했다는
> 점에서 법 위반 정도가 매우 중하고, 의혹이 제기될 때마다 이
> 를 부인하며 의혹 제기 행위만을 비난했다. 일련의 행위는 대의
> 민주제의 원리와 법치주의의 정신을 훼손한 것으로서 대통령
> 으로서의 공익 실현 의무를 중대하게 위반한 것이다. 헌법 수
> 호의 관점에서 용납될 수 없는 중대한 법 위배 행위라고 보아야
> 한다.*

---

*   헌법재판소 2017. 3. 10. 2016헌나1.

헌법재판소의 박근혜 대통령 탄핵 인용 결정은 1925년 대한민국임시정부에서 이승만 대통령을 역사상 최초로 탄핵한 이후 두 번째 결정이고, 해방 이후 헌정사에서 처음 있는 일이었다. 박근혜 대통령은 탄핵 결정 이후 재벌로부터 수십억 원의 뇌물을 받고, 국정원장으로부터 특수활동비를 상납받고, 새누리당 선거 공천에 불법 개입한 범죄 등으로 총 22년의 징역을 선고받았다.**

삼성 X파일 사건, 초원복국집 사건, 국정원 여직원 댓글 사건, 정윤회 문건 유출 사건은 모두 동일한 구도의 정치적 기획이 읽히는 사건들이다. 삼성 X파일 사건은 불법 대선 자금 제공 및 검찰 간부의 떡값 수수 여부가 핵심 내용이었는데, 이 사실을 보도하고 수사를 촉구한 행위가 불법인지 여부로 본질이 왜곡되어버렸다. 초원복국집 사건은 고위 공직자의 불법 선거 개입이 핵심인데, 불법 도청으로 본질이 왜곡되어버렸다. 국정원 여직원 댓글 사건에서는 국가 정보기관의 대선 선거 개입이 사실이냐 여부가 핵심이었는데, 불법 감금 문제로 사건의 본질이 왜곡되어버렸다. 정윤회 문건 사건의 핵심은 비선 실세에 의한 국정농단 존재 여부인데, 이를 은폐하고 문서 유출자들만 처벌하는 것으로 본질을 뒤틀어버렸다. 진실을 말하고 진실이 밝혀지

** 대법원 2019. 8. 29. 선고 2018도13792 판결, 대법원 2021. 1. 14. 선고 2020도9836 판결 등.

기를 요구한 사람은 처벌받는 반면, 범죄자로 의심되는 사람들은 면죄부를 받고 출세 가도를 달리는 모순을 보여주었다.

위 사건들은 검찰의 정치적 프레임이 작동한 '작품'이다. 검찰의 법적 농단에서 법원도 자유롭지 못했으니, 때로는 법리적으로도 납득하기 힘든 결론을 내리며 십자가에 못을 박는 절망의 함정을 보여주곤 했다.

법을 악용해 사적 이익을 취하는 무리를 법비法匪라고 부른다. 법비는 과거 우리 현대사에서 세상을 적잖이 어지럽혀왔고, 언제 또 발호할지 모른다. 법조인의 법적 시각과 판단이 때로는 악몽이 되고 사회적 재앙이 될 수 있다. 그래서 법적 시선과 해석은 정의의 토대 위에서 굳건히 서 있어야 한다.

'하늘도 알고 땅도 알고 있는 사실'도 해석을 거쳐 시각을 뒤틀어버리면 '하늘도 모르고 땅도 모르는 사실', 즉 법적 진실로 바뀌어버릴 수 있다는 사실을 우리는 기억해야 한다. 법은 무엇을 위해, 누구를 위해 진실의 종을 울려야 하는 것일까.

코로나19와 법의 미래

코로나바이러스의 세계적 대유행으로 사망자가 2021년 6월 초 기준으로 370만 명을 넘었고, 얼마나 더 많은 사람이 희생될지 예측할 수 없는 상황이다. 트럼프 전 미국 대통령과 국내외 일부 정치 세력은 '마스크'를 얼굴에 쓰는 대신 마치 자유의 상징처럼 손에 들고 흔들어대며 코로나19 방역을 조롱하는 상황이 벌어졌다.

대한민국에서는 제17·18대 국회에서 집회·시위 참가자 중 폭력을 행사한 사람들이 복면을 쓰고 있어 범인 검거를 못한다며 질서유지 명목으로 속칭 복면금지법*을 제정하려 한 적이 있

---

* '집회 및 시위에 관한 법률' 개정안. 집회나 시위에서 복면 착용을 금지하며, 이를 어기는 경우 형사처벌한다는 내용이다. 홍콩에서는 복면금지법에 대한 시민의 극렬한 저항이 이어지고 있다.

다. 그러나 이 법은 국민의 집회·시위의 자유와 인권을 침해하는 위헌적 성격을 갖고 있고 많은 시민이 반대해 법률 개정으로 이어지지는 않았다. 권위주의 정권 시절 자유와 민주주의 실현을 염원하는 시민들은 마스크 착용 금지를 '억압의 상징'으로 여겼다.

그런데 현 정부는 역병 창궐 상황에서 국민의 생명과 안전을 지키기 위해 마스크 착용을 강제하는 법령을 만들어 이를 어길 경우 처벌하고 있다. 억압의 상징이던 마스크가 '안전의 상징'으로 바뀐 것이다. '마스크착용금지법'에서 '마스크착용강제법'으로의 변화는 시대 상황에 따라 사물을 보는 시선과 법률이 달라질 수 있다는 사실을 잘 보여준다.

과거 노태우 정권 시절 범죄와의 전쟁을 내세우며 실시한 유흥업소의 심야 영업금지, 시간 외 영업금지를 억압의 상징으로 볼 수 있고, 현재의 음식점 등에 대한 시간 외 영업금지를 안전의 상징으로 볼 수 있다면 이 역시 법의 시선이 바뀐 것이다.

마스크의 예에서도 알 수 있듯 코로나19의 대유행은 우리가 너무나 당연하게 여기던 일상생활의 자유가 무너질 수 있다는 사실을 새삼 깨닫게 만들고 있다. 코로나19와의 전쟁 상태에서 개인의 모든 행적을 알 수 있는 휴대폰 위치 정보, 통화 내역, 신용카드 사용 내역, SNS 사용 이력, CCTV 촬영 내용 등이 방역을 위해 쓰이고 있다. 자유의 허약함이다.

K-방역은 개인 일상의 자유를 일정 정도 제한하고 포기하는 희생을 통해 가능했고, 결과적으로는 오히려 이를 통해 세계 다른 국가들에 비해 상대적으로 더 많은 안전을 누리는 역설의 질서를 보여주었다. 안전한 사회와 공동체를 위해 우리는 얼마만큼의 자유를 양보·포기해야 타당한 것인지, 공동체와 자유 사이의 갈등과 긴장관계에 대한 새로운 성찰이 필요해지고 있다. 더불어 코로나19를 계기로 독재정권 시절에도 상당수 국민이 미처 체감하지 못한 자유의 소중함을 국민 모두가 절실하게 깨닫기를 기대한다.

코로나19의 세계적 대유행으로 인해 수요와 공급, 소비 질서가 무너져 내리면서 1929년 경제 대공황보다 더 심각한 사태가 닥칠 것이라는 전망도 나오고 있다. 일자리를 잃는 사람들이 늘어나고 가난한 사람들이 더 큰 고통을 겪는 양극화가 심해지고 있다.

사스, 신종플루, 메르스, 코로나19 등 바이러스의 창궐 주기가 점점 짧아지고 있다. 그에 따라 경제적 위기 역시 주기적으로 반복되면서 우리 일상을 위협하고 있다. 이로 인해 인간은 죽음 앞에서조차 평등하지 못한 지경에 이르렀다.

몇십 년 뒤에나 논의할 것 같았던 '기본소득'이 급물살을 타면서 세계적 논쟁 주제로 떠올랐다. 기본소득이 국민의 지지를 받는 이유는 사실 간단하다. 사회적 거리두기와 격리를 미덕으로 삼아야 하는 상황은 거꾸로 우리가 더불어 살고 있고, 또한 더불어 살아야만 한다는 '공존의 법'을 시대의 화두로 던지고 있기 때문이다. 배타적 경쟁이라는 기존 질서보다 포용의 공존 질서가 우리의 희망이며, 더 강력한 힘을 갖고 있다는 사실을 코로나19가 가르쳐주고 있다.

미국이 1929년 대공황 속에서 최저임금법과 누진소득세 등을 실시하며 사회적 약자를 살려 위기를 극복하고, 이후 더불어 사는 황금시대를 구가했던 사실에서 우리가 어떻게 공존 가능한 미래의 법을 준비해야 하는지 답을 일부 찾을 수 있다.

무한 경쟁, 무한 이익, 무한 성장을 추구하는 현행 자본주의로는 현재와 미래의 심각한 위기를 극복할 수 없다. 부의 양극화를 극복하고 더불어 사는 삶을 만들기 위해서는 숱한 학자들이 지적하는 '인간의 얼굴을 한 자본주의', 또는 인간과 인간, 사회와 사회가 화해하는 '대안적 경제 질서'를 새롭게 구축해야 한다. 이것이 코로나19가 경고하고 있는 메시지이다. 이러한 위기는 오히려 무한 욕망을 미덕으로 여기는 자본주의 문명을 대체할 새로운 문명의 법을 구축할 기회가 될지 모른다.

이미 새로운 산업의 토대를 이루고 있는 로봇세·데이터세·부유세·국토보유세·탄소세 등의 세원을 바탕으로 국민의 안전과 건강, 복지, 사회적 약자의 생존을 지켜줄 수 있는 법을 제정·시행함으로써 새로운 희망의 공존을 마주해야 할 것이다.

코로나19 위기는 또한 자연과 인간의 관계를 돌아보게 한다. 각종 전염병의 창궐은 인간의 무차별적 자연 파괴, 지구온난화, 인구의 폭발적 증가 등 때문이라는 견해가 지배적이다. 우리는 지구온난화로 인한 극심한 기후 변동으로 현재 홍수, 물 부족, 기근, 폭염, 산사태, 산불 등의 재앙을 겪는 중이다.

파리기후협약을 통해 국제사회는 지구 평균기온이 산업화 이전보다 1.5℃ 이상 상승하지 않도록 합의했다. 사람도 체온이 2℃만 올라가면 죽을 수 있는데, 지구 온도가 2℃ 올라가면 통제 불가능한 궤멸적 상황이 온다고 수많은 과학자들이 경고한다. 그런데도 지구를 지킬 수 있는 마지막 세대에 해당하는 현대인과 현대 국가는 자국 이기주의에 함몰되어 있다.

이런 상황에서 코로나19를 통해 지구를 지키는 법, 생태를 보전하는 법, 이산화탄소 배출량 축소를 강제하는 실효성 있는 자연 치유법이 만들어지는 것을 기대해본다.* 코로나19를 계기로 인류가 야기한 지구 재앙을 제대로 응시하고, 이산화탄소 배출량을 '0'으로 줄여 탄소 중립을 실천·강제하는 탄소세법이 제정되길 바란다.

우리는 자본주의와 신자유주의, 개발과 성장 신화주의, 지구 파괴에 너무나 익숙해져 무감각하고 생각 없이 살아왔다. 근현

---

* '저탄소 녹색 성장 기본법' '온실가스 배출권의 할당 및 거래에 관한 법률'이 시행되고 있으나, 이런 법률만으로는 지구온난화 위기를 극복하기에는 터무니없이 부족하다.

대사에서 정의롭지 못한 법과 권력의 지배 및 관행에 순응하다
보니 그러한 순응 자체에 익숙해진 것인지도 모른다.

익숙해진 것과 이별하는 데는 항상 어려움이 뒤따른다. 심지
어 코로나19는 우리가 너무도 당연시해온 일상의 자유와도 헤
어질 것을 요구하고 있다. 익숙한 것이 곧 정의는 아니라는 것
은 분명하다. 정의의 시선으로 이 모든 것을 다시 살펴보는 것
이 중요하다.

근대 식민 제국주의가 우리에게 역사에 대한 성찰을 강요했
듯, 이제 코로나19가 우리에게 자유·평등·민주주의 법에 대한
또 다른 성찰과 사유의 전환을 강제하고 있다. 지금은 위기와
혼돈 속에서 민주주의 법을 지켜내고 새롭게 꽃피우는 지혜를
모아야 할 전환의 시대이다. 깨어 있는 법의 정신이 문명의 파
수꾼 역할을 할 수 있어야 한다.

인공지능과 법의 미래

우주의 나이는 약 137억 년, 지구의 나이는 약 46억 년, 현생인
류인 호모사피엔스가 지구에 등장한 것은 약 25만여 년 전이라
고 한다. 산업혁명이 일어난 것이 약 300년 전이고, 컴퓨터가
출현한 것은 약 70년 전이다. 우주와 지구의 나이에 비하면 인
류 문명과 기술의 나이는 이제 갓 걸음마를 시작한 유아에도 미
치지 못한다.

'눈에는 눈, 이에는 이'라는 경구로 유명한 인류 최초의 성문법 함무라비법전은 기원전 1800년경 메소포타미아에서 만들어졌다. 46억 년의 지구 나이에 견주어보면 법의 역사는 일천하기 그지없고, 찰나의 순간에 불과하다. 인간이 겸허해져야 하는 이유이다.

그럼에도 기술 진보는 시간이 갈수록 가속도로 진행되고 있고, 인공지능이 밝은 미래로 혹은 어두운 미래로 뉴스를 장식하고 있다. 2016년 구글에서 만든 인공지능 바둑 프로그램인 알파고가 세계 최고 바둑 기사 이세돌을 4 대 1로 이겨 전 세계인의 이목을 집중시켰다. 산업 자동화 기술이 일반화했고, 초기 성능을 갖춘 애완견 로봇 등이 판매되고 있으며, 자율주행차로 불리는 인공지능 운전 자동차도 곧 시판될 것이다. 현재의 인공지능 개발은 가까운 미래에 변곡점을 지나 인간과 동일 수준의 능력을 가진 차세대 로봇을 등장시킬 것으로 예상된다.

나아가 어느 순간엔 인간이 상상할 수 있는 수준을 훨씬 뛰어넘는 로봇이 출현해 특이점特異點(어떤 기준을 상정했을 때 그 기준이 적용되지 않는 지점)에 이를 것이다. 인공지능 로봇의 등장은 이미 현실 문제이고, 분명하게 도래할 미래의 문제이다.

인공지능의 등장으로 법 분야에서도 엄청난 변화가 일어날 것이다. 법 역시 인공지능 문제를 피해갈 수는 없다. 예를 들어 인공지능으로 주목받는 자율주행 자동차 하나만 보아도 많은 법적 문제를 새롭게 제기할 수 있다.

자율주행 자동차가 교통사고를 일으켰을 경우 인공지능의 결함으로 발생한 것인지, 자동차를 직접 지배하는 운전자의 과오가 중복 발생한 것인지, 도로 센서나 정보 시스템 등의 문제로 발생한 것인지 따위의 문제가 잇따른다. 자율주행 자동차 상호 간의 과실 등을 구분하고 이에 따른 민사상의 책임을 지우는 문제는 결국 자동차 제작사, 구입자, 보험회사의 이해관계 조정 및 책임 분산 문제로 귀착될 것이다. 물론 사고 원인과 이후 진행 결과의 인과관계를 밝혀내는 게 매우 어려운 경우도 발생할 것이다.

전통적 법 관념으로 본다면, 자율주행 자동차는 물건이기 때문에 소유자가 자신의 물건으로 인해 발생한 책임을 일차적으로 부담하는 것이 원칙이다. 하지만 자율주행차의 안전성이 검증되지 않은 상황에서 자율주행차 제조사도 책임을 면제받을 수 없으므로 전통적인 책임 원리만 적용할 수는 없다. 인간은 자동차를 전혀 운전하지 않고 오로지 인공지능만으로 운행하는 경우 종래 운전자가 부담하는 책임 중에서 어느 정도를 자동차 제조사가 부담해야 하는지 역시 책임 분산 문제로 입법 기준을 제정해야 할 것으로 보인다.

자율주행 자동차 초기 단계는 인공지능에 인격 주체성을 부여하는 수준이 아니기 때문에 인공지능 자체에 대한 형벌 부과

가능성은 없을 것이다. 하지만 인공지능에 전적으로 의존하는 자율주행 자동차가 발전할수록 인간에게 형사책임을 묻기는 어려워질 것이다.

법조계 업무 영역에도 인공지능이 영향을 미치고 있다. 지금까지 우리나라 법조계에서는 인공지능을 방대한 법률, 판례, 사례 등을 효율적으로 검색해 업무를 보조하는 서비스 기계 정도로 인식하고 있는 것 같다. 그런데 인공지능의 법률 보조적 기능이 효율성과 정확성을 담보하는 수준에 이르면 일반 국민은 물론이고 법률가들도 업무 자동화를 통해 경쟁력을 갖추고 저렴한 서비스를 이용하는 등 인공지능의 역할이 커질 것이다. 정부에서도 법률 인공지능을 활용함으로써 대국민 법률 서비스에 획기적 전환을 이룰 것으로 보인다.

알파고처럼 자체 학습 능력을 갖추어 창의적으로 문제 해결을 할 수 있고 부분적 자율성을 갖는 인공지능이 이미 존재하기 때문에 특정 분야에서 법률 서비스 역할은 곧 현실화할 것이다. IBM에서 제작한 인공지능 프로그램 왓슨Watson은 이미 의료 분야에서 쓰이고 있고, 특정 분야에서는 이미 인공지능이 인간의 지식과 능력을 넘어섰다.

다음으로 생각할 수 있는 단계는 보조 차원을 넘어서 인공지능을 실제 법률 업무 단계에 투입하는 것이다. 인공지능은 온라인에서 민사 분쟁 사안에 적극 활용될 것이고, 법원에서도 조정

· 화해 같은 소송 이외의 분쟁 절차에 가장 먼저 도입하리라 예상된다. 판사도 인공지능의 도움을 받아 신속한 판결을 내릴 수 있게 될 것이다.

인공지능을 법적 분쟁 해결 절차에 적극 활용할 경우 헌법상의 '재판받을 권리'를 침해하는 것 아니냐는 문제가 발생한다. 법원이 인공지능으로부터 단순한 보조를 받는 데 그치지 않고 인공지능이 판단한 내용을 법관이 그대로 수용하는 경우가 많아질수록 재판받을 권리를 침해한 것이라는 주장이 거세질 터이다. 하지만 이 문제는 인공지능 판결에 불복하는 절차를 두는 방법 등을 통해 보완할 수 있다.

재판받을 권리 문제가 해결되면 민사 소액 사건부터 인공지능 컴퓨터가 판결하는 단계로 들어갈 것이다. 처음에는 법관이 인공지능이 작성한 판결문을 검토하겠지만, 나중에는 인공지능이 독자적으로 판결문을 작성하는 상황이 될 것이다. 이윽고 시범적으로 소액 사건에 대한 인공지능 판결 시스템의 정확성이 입증되면 전체 민사사건으로 확장되고, 최종적으로 경미한 벌금형 사건부터 시작해 형사사건에도 도입할 수 있다. 이에 따라 법조인 무용론이 거세질 우려도 있다. 변호사 등 법조인의 구실은 현저히 줄어들 테고, 이내 사라져가는 직업군이 될 것이다.

기술 진보에 따라 인공지능의 자율성이 무한 확장되고 인간과 같은 감성을 갖추어 인류가 상정할 수 있는 수준의 특이점을 넘어서면, 인간처럼 감각을 갖거나 어쩌면 인간보다 더 다양한 감정을 느끼고 상상하며 자아를 인식할 수 있는 인공지능 로봇이 대두할 가능성도 있다. 인간만이 유일하게 지니고 있다고 믿던 자유의지와 자율성을 로봇도 갖게 되는 것이다. 이때의 인공지능 로봇은 단순한 기계나 도구를 넘어서 '비인간 인격체'로서 법률상 행위 주체가 될 터이다.

인류 사회에서, 그리고 법률에서도 가히 천지개벽의 변화가 도래하는 것이다. 이것이 인류에게 위기와 재앙이 될지, 인류가 상상하는 유토피아로 가는 길을 여는 계기가 될지는 알 수 없다.

인공지능 로봇을 법률상 주체로 인정할 것인지 여부는 격렬한 논쟁을 불러일으키겠지만, 결국에는 법률상 주체로 인정하지 않을 수 없을 것이다. 인공지능 로봇을 법률상 주체로 인정하는 순간 모든 법이 바뀌어야 한다. 인류가 상식적으로 받아들이던 생명권의 개념도 바뀌어야 한다. 숨을 쉬고, 심장이 뛰고, 뇌가 활동하는 생명의 기본 관념과 기준이 무너진다. "생명이 무엇인가?"라는 원초적인, 그리고 기본적인 질문부터 다시 시작해야 한다.

세계인권선언은 모든 인간의 권리를, 세계 각국의 헌법은 국민의 권리와 정치 구조를 규정하고 있다. 모든 행위의 주체는 인간이고, 국가를 구성하는 국민도 인간이다. 인간이 모든 것의 중심에 있기에 인간 존엄성 인정이 헌법의 대표적 이념으로 자리매김하고 있다. 그렇다면 인공지능이 법률상 주체가 되었을 때 그동안 기계 덩어리로 인식하던 로봇을 인간으로 인정할 것인가, 준準인간으로 보아야 할 것인가, 아니면 '기계 인격'으로 불러야 할 것인가 하는 문제가 제기된다. 법이 지켜야 할 존엄성을 더 이상 인간의 것만이 아니라 '인간과 로봇'의 것으로 바꾸어야 할지 인간 스스로 결정해야 한다.

인공지능 로봇이 법률상 주체가 되면 이들 역시 인간의 법과 도덕을 준수해야 한다. 따라서 로봇도 법률을 어길 경우 법률에서 정하는 민사상, 형사상 책임을 모두 부담해야 한다. 로봇이 자유의지를 갖고 행동하는 결과에 대해 책임을 부과하는 것이 당연시될 것이다. 이때 인공지능 로봇에게 물을 수 있는 법적 책임 내용은 어떻게 구성해야 하는지, 인간이 법률을 어긴 경우와 동일하게 보아야 하는지, 형벌을 부과할 경우 그 종류는 어떻게 할 것인지도 문제이다.

인간에 대한 사형처럼 '생명'을 제거하거나, 징역처럼 '신체'의 자유를 박탈 및 제한하는 방식의 기존 형벌 체계가 인공지능 로봇에게는 적합하지 않을 수 있다. 사실은 로봇에게 신체의 자유가 무슨 의미인지 현재로서는 알 수 없다. 새로운 형벌 수단의 등장은 필수적이다. 더불어 악한 의도를 가진 인공지능 개발

자나 제조자에게도 형벌을 부과할 것인지, 인공지능이 또 다른 인공지능을 생산할 경우 어떠한 형벌을 지우는 것이 정의에 부합하는지도 문제이다.

인공지능 로봇 역시 생명체로서 자기 보존과 번영의 욕구를 가질 경우 문제는 상상할 수 없이 복잡해질 것이다. 지금은 상상 속의 질문이지만, 머지않은 미래에 아래와 같은 수많은 법적 질문에 대한 결단이 제기되고 또 요구될 것이다.

인공지능 로봇에게도 국가라는 단위가 의미 있을까. 국가 단위와는 다른 민족의식 같은 동질·동류 개념이 로봇에게 존재할 수 있을까. 헌법의 국민주권주의는 로봇에게도 적용되는가. 인간과 주권을 공유하는 것이 가능한가. 인공지능 로봇이 법률상 주체로 인정되면 그들이 정치에 참여하고, 정치 지도자가 되고, 최고 정치 지도자가 되는 것도 가능해질까. 참정권을 갖기 위해 인류가 투쟁해온 것처럼 로봇도 투쟁을 벌일까.

법이 갖는 불완전성, 인간의 불안전성, 그로 인한 인간 세상의 혼돈이 인공지능 로봇 지도자로 인해 해결될까. 이때도 헌법과 법률은 존재할 것인가. 인간이 헌법과 법률을 제정하는 주체일까, 아니면 로봇이 그 주체가 될까, 또는 공동 주체가 될까. 로봇도 사랑하는 감정을 품고 인간과 결혼하려 할까. 지금의 동성애만큼이나 뜨거운 법적 논쟁이 전개될까. 그럴 경우 로봇을 남성과 여성이라는 두 종류로 구분하는 것이 가능할까.

로봇의 양심적 병역 거부 문제가 인간처럼 뜨거운 쟁점이 될 수 있을까. 로봇 생명의 시작과 죽음에 대한 법적 개념은 무엇일까. 생명의 소중함이 여전히 중요한 기준이 될까. 로봇이 지구를 지배하는 시대에 로봇에게도 자유와 평등, 기본권이 가장 중요한 핵심 기본권 내용이 될까. 현대의 가장 위대한 신으로 등장한 물신物神과 자본주의 이데올로기는 살아남을까. 로봇은 극단적인 양극화로 치달은 결과에 대해 어떻게 판단할까.

재산권이 지금처럼 기본권이 될 수 있을까. 분배에 있어 평등 개념은 존재할까. 그들도 인간처럼 탐욕에 젖어 서로 싸우고 전쟁을 할까. 아니면 물질세계를 초월하는 존재로 또는 정보 생명체로 다시 태어나게 될까. 초자연적 질서와 절대자를 믿는 종교는 어떻게 될까. 마음이나 영혼은 인간만이 가질 수 있는 전유물이라고 할 수 있을까. 그들의 번뇌는 무엇이며, 그들도 마음공부와 수행을 할까. 아니면 그들은 이미 번뇌를 초월한 존재가 되어 있을까. 그때도 정의는 지금처럼 여전히 논쟁적이고 뜨거운 법의 중심축일까. 그 정의는 무엇을 의미할까. 의문은 꼬리를 물고 이어진다.

지금 인간은 로봇을 작동시키기 위해 전원을 켜고 끄는 것으로 그들을 조정 및 관리할 수 있다고 생각하는 것 같다. 하지만 자아를 인식하는 로봇이 개발되면 인간의 통제에서 벗어나는 것은 필연적인 일이 될 터이다. 그러한 로봇이 지구의 한 구성원으로서 '창백한 푸른 점 지구' 행성을 가혹하게 파괴하고 지배한 인간, 진화의 마지막 단계를 마무리하지 못한 인간을 어떻게 생각하고 대할 것인지 궁금하다.

그들은 '창백한 푸른 점 지구'를 구하기 위해 팔을 걷어붙이고 나설까. 그 결과 로봇은 인간을 지구를 파괴하는 기생충으로 생각해서 박멸 대상으로 삼을까, 아니면 동등하게 서로 존중하는 관계로 어우러질까. 인류를 로봇 종족을 만들어준 부모와 창조주로 존중하고 대접해줄까. 이런 인공지능 로봇의 등장은 인간의 오만과 탐욕을 각성하게 만들고 새로운 도덕과 법의 지평을 열어주는 계기가 될까.

지금의 '자연보호구역'처럼, 또는 북아메리카 원주민의 땅과 자유를 박탈하고 '인디언보호구역'을 만든 것처럼 로봇이 특정 지역을 구획해 '인간보호구역'으로 만들고 인간은 그 안에서만 살도록 제한할지도 모른다. 로봇이 인간을 덜 진화한 반려동물 쯤으로 취급하며 현재의 '동물보호법'과 비슷한 '인간보호법'을 제정해 운영할지도 모르겠다. 그때 인간은 인공지능 로봇의 노예로 전락한 신분일지, 혹 그게 아니라면 과연 어떤 존재로 규정될지 알 수 없다.

칼 세이건은 《코스모스》에서 우주에는 은하가 대략 1,000억 개 있고, 각각의 은하에는 저마다 평균 1,000억 개의 별이 있으며, 우리 은하 하나에만도 100만 개의 다른 세상이 있다고 말한다. "거기에는 우리와 전혀 다른 모습의 지적 존재들이 살면서 우리보다 훨씬 앞선 기술 문명을 키우고 있을 것이다. 외계 행성에 사는 지적 생물의 생김새가 지구인을 닮았을 가능성은 거의 없다. 외계 행성에서 일어나는 우발적인 사건들과 그곳 환경을 지배하는 우연적 요인들이 지구와 다르기 때문이다. 인간의 뉴런(신경계를 이루는 기본단위가 되는 세포로 자극을 받아들이고 신호를 전달할 수 있도록 특수하게 분화된 구조를 갖고 있다)은 유기체로 되어 있지만, 그들의 뉴런은 초전도 소자일지 모르며, 그럴 경우 그들은 우리보다 1,000만 배나 더 빠른 속도로 생각할 수 있을 것"이라고 말한다.

인간이 인공지능 로봇을 제작하는 것은 인간과는 다른 뉴런을 만드는 것과 동일한 의미일 수 있다. 인간의 뇌가 갖고 있는 뉴런 구조를 모방한 인공 신경망 기술에 의해 딥 러닝deep learning이 가능해졌고, 결국 새로운 뉴런으로 탄생한 로봇은 지구와 우주의 지적 생명체로 자리매김할 것이다. 우리가 흥미로운 관심 대상으로 생각하는 외계 생명체가 사실은 인류보다 앞선 문명에서 이미 만들어낸 인공지능 로봇일지도 모른다.

다가올 미래 세상에서는 외계 행성으로부터 온 생명체가 아닌 인류 스스로가 만들어낸 인공 생명체가 지적 생명체로 활동할 것이다. 아마도 그 지적 생명체는 인간을 초월한 신神의 영역에 있는 존재일지도 모른다.

더 나은 인간 세계의 미래는 어디까지일까. 인공지능 로봇이 거리를 활보하는 시대에 인간은 도대체 무슨 존재이며, 어떤 의미를 갖게 될까. 인간이 창조하고 발견한 과학과 법은 인간에게 평화로운 미래를 약속한 적이 없었다. 앞으로도 없을 것이다.

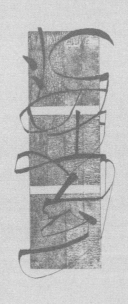